UNIVERSITÉ DE PARIS

FACULTÉ DE DROIT

DES ACTES

DE

l'Instruction Préparatoire

THÈSE POUR LE DOCTORAT

PRÉSENTÉE PAR

Paul LEFEBVRE

L'acte public sera soutenu le Mercredi 22 Novembre 1899.

Président : M. LÉVEILLÉ.
Professeur : M. LE POITTEVIN.
Agrégé : M. GARÇON.

LILLE
IMPRIMERIE H. MOREL, RUE NATIONALE, 77

1899

THÈSE POUR LE DOCTORAT

UNIVERSITÉ DE PARIS

FACULTÉ DE DROIT

DES ACTES

DE

l'Instruction Préparatoire

THÈSE POUR LE DOCTORAT

PRÉSENTÉE PAR

Paul LEFEBVRE

L'acte public sera soutenu le Mercredi 22 Novembre 1899.

Président : M. LÉVEILLÉ.
Professeur : M. LE POITTEVIN.
Agrégé : M. GARÇON.

LILLE
IMPRIMERIE H. MOREL, RUE NATIONALE, 77
—
1899

INTRODUCTION

Si, quand on considère seulement le caractère et les actes des individus, la supériorité de notre Société moderne sur celle d'autrefois peut sembler contestable, elle apparaît clairement, quand on compare la législation pénale et la procédure criminelle de notre siècle à celle de l'ancien Régime. Cependant, la marche des institutions ayant eu pour but de protéger la vie, l'honneur et les biens des individus, n'a pas suivi un développement constant et régulier. Ses lois ne se sont pas graduellement défaites de la cruauté dont elles furent empreintes aux temps barbares ; il y a eu de fréquents retours aux anciennes erreurs. Parfois la législation pénale, au lieu de progresser, a rétrogradé. La politique, les luttes intestines, les dissensions religieuses, lui ont souvent fait sentir leur influence et ont obscurci les principes d'équité qui cherchaient à se faire jour. Mais le sens moral, le respect instinctif de l'homme pour sa liberté et le véritable esprit de justice finissent toujours par triompher.

Cette évolution continue de la procédure criminelle, commencée par la philosophie antique, développée activement par le christianisme et reprise par la philosophie du dix-huitième siècle, donne encore lieu de nos jours à des applications basées sur la charité, que la Religion a fait passer dans nos mœurs et sur des principes de liberté et d'inviolabilité, que nous a révélés la philosophie.

La Justice est devenue l'expression la plus haute et le fondement principal de l'ordre matériel. Elle s'est dépouillée de ses rigueurs inexorables et de ses implacables vengeances, pour ne plus être que l'application impartiale des règles imposées à tous et la sanction de l'accomplissement de devoirs, dont nul ne saurait s'affranchir. Elle a multiplié les garanties pour les accusés, simplifié et adouci les pratiques employées pour atteindre et frapper le criminel. Au lieu de dépendre du caprice ou de la colère d'un souverain, qui la confondait avec sa volonté, au lieu d'être l'effroi du pauvre et le complice du puissant, elle s'est élevée par degrés à la hauteur d'une institution qui plane au-dessus des gouvernants, qui a l'équité pour but et la recherche du vrai coupable pour moyen.

C'est surtout dans cette poursuite du criminel, dans cette instruction qui est l'âme du procès, qui lui donne la forme et le corps, que nous pouvons constater le triomphe des principes posés par le sens moral, la religion et la philosophie.

Dans les actes de cette procédure préliminaire, dans les opérations multiples, nécessaires pour constater le délit, accumuler les faits, éclairer le juge et confondre le coupable, l'instructeur a toujours une tendance à charger l'inculpé contre lequel les preuves semblent se réunir, oublieux de ce grand principe que, jusqu'à la condamnation, l'inculpé doit être réputé innocent.

La législation criminelle du Moyen Age employait à l'égard du prévenu tous les moyens propres à lui faire avouer son crime et à lui enlever les échappatoires. Pour elle, l'axiome « que la preuve n'existe pas quand elle n'est pas complète » n'avait aucune force. Encore brutale et sanguinaire comme les mœurs de cette époque et comme les relations des différentes classes entre elles, la Justice semblait méconnaître cet esprit de modération et d'indulgence, cette retenue dans le châtiment, qui ne furent comprises qu'après que le sentiment d'humanité eût pris place dans nos mœurs par le salutaire effet de la Religion. La vindicte publique n'était pas seulement pour elle la juste et ferme demande d'un châtiment exemplaire, c'était une colère furibonde, une soif avide de tourments et de vengeance. Et lorsque la nouvelle législation criminelle alla chercher dans le droit canon l'usage de ces poursuites habilement conduites, de ces investigations secrètes, faites à l'insu de l'accusé et destinées à réunir contre lui un faisceau de preuves, elle se trouva plus exposée encore à condamner l'innocent, qui pouvait dans les pièges qu'on lui tendait se prendre comme le coupable.

Nos lois modernes, inspirées par des sentiments de modération et de pitié envers l'inculpé, et de respect pour sa liberté et ses biens, sont sorties graduellement de l'ornière où la législation de l'ancien régime s'était embourbée ; et tandis que celle-ci préférait « punir l'innocent plutôt que de laisser le crime impuni », l'esprit de nos lois proclame que « la condamnation des innocents est un plus grand mal que l'absolution des coupables ».

PREMIÈRE PARTIE

DE L'INSTRUCTION PRÉPARATOIRE
SON HISTOIRE DANS LES LÉGISLATIONS
ANCIENNES

CHAPITRE PREMIER

L'INSTRUCTION PRÉPARATOIRE. — SON BUT.

L'instruction préparatoire est cette enquête judiciaire qui, en recueillant les preuves, réunissant les documents et recherchant les circonstances, arrive à préparer une conviction au juge, qui devra se prononcer sur la culpabilité de l'inculpé. Elle prépare à l'avance le terrain et les armes de la lutte. Son but est de préparer les éléments du procès, afin de manifester l'évidence au moment du jugement, ou de renvoyer l'inculpé avant sa mise en accusation. Elle recherche les preuves de la vérité, et elle fournit les moyens de l'obtenir. Et comme cette vérité doit être le renvoi de l'innocent et la punition du coupable, il faut que cette instruction, tout en poursuivant par tous les moyens le crime qui se cache, présente à l'inculpé les moyens de faire éclater, aux yeux de tous, la preuve de son innocence.

Si l'on remettait aux tribunaux constitués le soin de poursuivre les crimes, d'en rechercher l'auteur, de réunir contre lui les faits et les indices qui peuvent conduire à la preuve de sa culpabilité, le travail imposé de ce fait serait immense, tant à cause du nombre de crimes, que de la variété des travaux imposés. Par une heureuse division du travail, les diverses parties de cette œuvre ont été attribuées à des personnages différents.

Le ministère public poursuit les crimes et les désigne au juge d'instruction ; celui-ci réunit contre l'inculpé les preuves de sa faute ou de son innocence ; dans ce dernier cas, il le laisse libre ; en cas de culpabilité, il le livre aux juges qui décident de son sort. Ainsi est terminée l'œuvre de la justice.

L'instruction préalable, organisée par le juge d'instruction, n'est que la première phase de l'instruction criminelle, phase indispensable, car avant de juger l'accusé, il est raisonnable de l'entendre et de peser sa responsabilité. Cette institution est tellement nécessaire à la justice pénale, que toutes les législations, ainsi que nous le verrons tout à l'heure, en ont fait, avec des formes diverses et des pouvoirs plus ou moins limités, l'un des premiers fondements de l'action judiciaire. Ayrault disait, en parlant de cette instruction : « Je n'ay point de souvenance que aucune nation en ait usé aultrement (1) ».

(1) Ayrault, *Instit. judic.*, liv. I, page 4.

L'instruction préalable rend de grands services à la juridiction criminelle. Elle évite les procès fondés sur des accusations calomnieuses ou hasardées, grâce à l'examen qui en est fait par un homme compétent. Elle évite à la Justice une perte considérable de temps, elle augmente les chances de trouver et de punir les criminels, enfin, elle est une garantie pour l'inculpé, qui, avant que le fait dont il est incriminé soit rendu public à l'audience, peut se justifier rapidement.

Ses actes doivent être empreints d'activité et de prudence, de vigilance et de circonspection. Car, si la Justice doit maintenir l'ordre dans la cité, si elle protège la vie et les biens des citoyens, elle doit assurer en même temps leurs droits et leur liberté ; si elle doit atteindre tous les délits, elle ne doit poursuivre que les faits qui sont ainsi qualifiés par la loi ; si elle doit faire luire aux yeux du coupable la certitude de la punition, elle doit préserver l'innocent de la possibilité d'une prévention injuste. L'instruction préparatoire doit être le légitime auxiliaire de la justice. Elle lui indique la voie à suivre, éclaire l'exercice de son pouvoir et lui évite le péril du retard comme le péril de la précipitation. C'est elle qui arrête avant qu'elles ne soient publiques les imputations téméraires, les dénonciations et les plaintes hasardées. Elle soumet toutes les poursuites à l'épreuve d'un examen sévère et rejette celles qui ne sont pas fondées sur des présomptions graves ; elle indique à chacune la juridiction qu'elle devra saisir, elle réunit les éléments et devient ainsi la base du procès.

Elle est aussi la principale garantie de la défense en lui donnant la faculté de combattre les soupçons et d'expliquer les faits, et en remettant à une juridiction le soin d'apprécier les charges de l'instruction, le droit d'annuler la poursuite ou d'y donner suite.

Elle doit donc être pour la Société qui a intérêt à punir, un moyen de préparer la décision définitive et pour les particuliers une garantie contre les erreurs judiciaires.

Un inconvénient grave que l'on reproche à l'instruction préparatoire telle qu'elle existe chez nous, inconvénient inhérent à sa nature, c'est d'entraîner avec elle des rigueurs inévitables. Cette rigueur fut de tout temps : Quintilien disait « qu'il est plus facile d'élever une accusation que de la détruire, de même qu'il est plus facile de blesser que de guérir (1). » Par ses formes rigoureuses qui ressemblent au châtiment, l'instruction préalable trouble, en effet, l'inculpé dans sa considération, son honneur et ses biens. Les réparations et les dommages-intérêts que le juge peut donner dans certains cas à cet inculpé, reconnu innocent, ne sont qu'une faible compensation à la flétrissure et à la ruine.

Cette conséquence malheureuse et trop souvent vérifiée de l'instruction préparatoire tient à l'imperfection de nos institutions humaines, qui froissent involontairement des droits et des intérêts particuliers lorsqu'ils apportent à la Société un bien incontestable.

---

(1) « Tanto est accusare quam defendere, quanto facere quam sanare vulnera facilius. » Quintilien, liv. IV, n° 13.

Nous sommes impuissants à combattre un mal qui tient à notre nature plutôt qu'à la législation et nous ne pouvons que le déplorer. Mais en dehors de cette déconsidération morale qui engendre pour les victimes de l'instruction la honte et le besoin, deux faits dont la présence dans nos mœurs et nos lois n'a aucune raison d'être, augmentent encore pour l'inculpé les dangers de cette institution. Ce sont d'une part, les vestiges dans notre législation des ordonnances cruelles qui voulant voir un coupable dans tout inculpé, s'efforçaient de lui arracher des aveux par les tortures et les supplices. D'autre part, cet état d'esprit que l'on reproche souvent au juge d'instruction qui, chargé de découvrir le coupable, se laisse prendre parfois à des apparences mensongères et, se formant une conviction trop rapide, arrive à se persuader de la culpabilité de l'innocent.

Après un rapide historique de la question, nous étudierons tous les actes de l'instruction, et nous verrons si les principes que nous avons signalés y sont sauvegardés. Nous mettrons en présence les pouvoirs du juge d'instruction, pouvoirs mal définis, presqu'illimités, et la liberté individuelle pour laquelle on ne saurait avoir trop de respect. C'est ce point de comparaison qui nous conduira dans tout ce travail et qui montrera la marche progressive des institutions de tous les peuples vers cet idéal de liberté où vont toutes les aspirations humaines.

CHAPITRE II

HISTORIQUE DE L'INSTRUCTION

Section I. — Rome. — Les lois barbares.

Dans toutes les législations, l'information, élément essentiel de la justice pénale, se retrouve avec des formes diverses et des éléments différents de puissance. Dès les premiers siècles de Rome, l'information était conduite par des personnages spéciaux : *quœsitores parricidii, decemviri,* etc. Les consuls eux-mêmes procédaient aux actes de l'instruction pour les crimes graves. Plus tard, ce pouvoir fut placé entre les mains des plaignants eux-mêmes, qui devaient rechercher la preuve des crimes dénoncés. L'accusateur joignait le droit d'enquête au droit d'accusation. La caractéristique de ce système, c'est que toutes les opérations de cette enquête étaient contradictoires entre l'accusateur et l'accusé, contrairement à ce qui se passe dans notre droit ; et que le défendeur pouvait se livrer à une contre-enquête destinée à enrayer les conclusions de la première (1).

(1) Cicero, *in Verrem.* orat. prima.

Lorsque sous l'Empire, cette procédure accusatoire, c'est-à-dire basée sur l'accusation publique, fit place à la procédure inquisitoriale, dont le fondement était une enquête conduite par un officier public, l'*inquisitio* passa aux mains des *irenarchœ*, des *curiosi*, des *stationarii* qui remplissaient à peu près l'office de notre Ministère Public. Ces enquêteurs pouvaient employer contre l'inculpé des mesures de violence destinées à le faire avouer. C'est là un des précédents de la torture du Moyen-Age. Les actes des Apôtres nous disent qu'à Jérusalem, saint Paul, menacé de la torture par le fouet, dut exciper de sa qualité de citoyen romain pour y échapper. Les lois romaines font souvent mention de ce genre d'instruction.

Les nations de l'Europe que les Romains appelaient barbares, avaient chacune leurs coutumes particulières en matière de justice criminelle ; mais il existait entre les modes de procédure que la tradition consacrait chez elles, bien des traits communs. Dans toutes les lois barbares, on retrouve l'instruction préparatoire avec diverses variantes. Les lois des Wisigoths, des Burgondes, des Bavarois, la loi Salique, le Bréviaire d'Alaric, se sont, à ce sujet, inspirés des lois Romaines. Nous trouvons dans la loi des Wisigoths une série de recommandations, faites au juge instructeur, qui dénotent une grande confiance dans les résultats de l'instruction écrite : « que le juge étudie bien la cause, et interroge les témoins, qu'il examine ensuite les pièces écrites, pour arriver plus sûrement à la vérité ; car le vrai moyen de la connaître est de la demander aux écritures et de ne jamais recourir au serment (1). »

Ce conseil de se servir de pièces écrites est très curieux à une époque où l'*inquisitio* était purement orale et où le juge remettait souvent la décision du jugement au combat judiciaire.

Le propre de la barbarie, c'est la prédominance de la force brutale ; elle ne prime pas le droit, elle le constitue, car le droit chez les peuples barbares est en raison de la force matérielle dont chaque individu dispose. S'agit-il de prononcer entre deux parties qui ne peuvent s'entendre, c'est à la force qu'on recourt. Les puissants se déclarent la guerre, les autres se provoquent en combat singulier.

Section II. — Le Moyen-Age

Chaque fois que la Société se dissout et retourne vers son point de départ, ce régime tend à reparaître. C'est ce qui se passa en France, comme aussi dans le reste de l'Europe, lorsque l'envahissement des populations germaniques, que n'avait pas encore civilisées l'influence latine, vint bouleverser la Société occidentale, héritière des traditions romaines. La désorganisation fut rapide, et il finit par ne presque rien subsister des institutions de l'ancienne Rome.

Pendant cette période du haut Moyen-Age, la justice criminelle fut singulièrement imparfaite. Entre nobles

(1) Lex romana Wisigoth. 11-12. — antiqua.

elle se réduisait à tout moment au droit du poing : *jus pugni,* comme disaient les Allemands. Lorsque le seigneur, défiant de ses forces, ne remettait pas au sort des armes la décision en litige, il avait recours à une institution d'origine germanique et se soumettait au jugement de ses pairs ou *rachimbourgs.* Sous les Carlovingiens, le pouvoir impérial fut assez puissant pour substituer aux rachimbourgs des *scabini* ou échevins, juges permanents nommés par l'Empereur. Mais le droit pour l'accusé de fausser le jugement, c'est-à-dire de provoquer en duel le juge dont la sentence lui déplaisait, et l'obligation où se trouvaient les juges de prononcer à haute voix le jugement, rendaient illusoire la répression des crimes pour peu que l'accusé fut redoutable.

Cette répression n'avait d'efficacité sérieuse, que lorsque le coupable était un simple homme libre, un bourgeois, un manant, un vilain, un serf. Ces roturiers étaient jugés par le seigneur ou par son officier de police ; prévots, bayles, baillis, suivant les contrées, qui lui appliquaient la coutume locale avec l'assistance de plusieurs assesseurs : prudhommes ou suffisants.

Les Ordalies

La procédure criminelle à cette époque était purement accusatoire, les procès n'étaient pas affaire entre le coupable et la Société qui voulait assainir et châtier ; c'était une affaire personnelle à la victime.

ou à ses parents, qui cherchaient à se venger où à profiter de l'amende à laquelle l'accusé pouvait être condamné. Et c'est à cause du caractère purement personnel du procès, que les hommes composant la cour de justice, lorsqu'ils ne laissaient pas l'accusateur et l'accusé s'en remettre au sort des armes et donner des gages de bataille, demandaient au Ciel de prononcer et employaient des pratiques superstitieuses, qu'ils croyaient être la manifestation de la volonté divine et le triomphe de la vérité.

Ces épreuves ou *purgation*, que l'on employait pour rechercher le coupable, dispensaient le juge de l'instruction qu'elles remplaçaient. Lorsque l'accusé se contentait de nier sans pouvoir montrer la preuve de son innocence, que le combat judiciaire était impossible ou interdit, ou bien encore lorsque l'inculpé s'offrait de lui-même à affronter la purgation, on le soumettait à l'une des épreuves qui devaient éclairer les juges sur son innocence ou sa culpabilité.

La purgation se faisait par le serment ou les *ordalies*. Le serment, prêté par l'accusé seul ou assisté de cojureurs, épreuve bénigne était réservée aux nobles et aux libres non encore parjurés pour des crimes secondaires (1). Le canon du concile de Mayence est relatif au meurtre d'un prêtre, pour lequel il impose la purgation vulgaire au serf et la purgation par le serment au libre (2).

---

(1) Reginon 1, II, c. 302. — Burchard, I. XVI, ch. 19, etc.

(2) Conc. Mogunt., c. 24. an 824. (Mansi t. XIV, c. 910). — Reginon 1, II, c. 43.

Les ordalies ou purgation vulgaire consistaient ordinairement dans l'épreuve de l'eau froide, du fer chaud, de l'eau bouillante. Dans la première, l'accusé était déposé pieds et poings liés et suivant certains rites, dans un réservoir d'eau ou une rivière (1). S'il allait au fond, il était justifié et réputé innocent ; s'il surnageait, c'est que « le poids de la vertu l'avait abandonné », ou bien que « l'esprit du démon qui l'habitait le rendait plus léger. » Il était réputé coupable et condamné. Les épreuves du fer chaud et de l'eau bouillante consistaient à tenir quelque temps en main un fer brûlant, ou à prendre un objet dans un bassin rempli d'eau bouillante ; si la brûlure contractée guérissait dans les trois jours, l'accusé était reconnu innocent.

Ces épreuves ont été introduites par la législation canonique dans la procédure criminelle, mais l'Église ne les a pas inventées, elle les a prises dans les coutumes des peuples soumis à sa domination. Ces épreuves existaient dans l'Inde antique, on en aperçoit des traces dans les institutions grecques et leur usage est constaté chez tous les peuples de la famille européenne (2). Leur établissement est attribué au pape Léon qui, sur la prière de Louis le Débonnaire, les aurait créées pour éviter les parjures trop fréquents dans la purgation par le serment (3).

(1) Voy. de Rozières, p. 770 et suivantes.
(2) Voy. Dareste (*Journal des savants*, août 1883). — Glasson, *Droits et Institutions de la France*, t. III, p. 505-522.
(3) de Rozières, p. 89.

L'Église prit une part considérable dans la pratique des ordalies ; elle les a consacrées en en réglant la cérémonie par ses rituels et en y faisant figurer le prêtre à côté du juge laïque. Mais en les solemnisant et en les régularisant, elle en rendit l'usage plus doux et moins funeste. D'ailleurs la foi dans l'ordalie était à cette époque trop générale et trop profonde pour que le clergé put séparer sur ce point sa croyance de celle du peuple. Dans l'écrit composé à l'occasion du divorce de Lothaire II d'avec la reine Teutberge, Hincmar, archevêque de Reims, approuve toutes les épreuves, notamment celle de l'eau froide (1), comme des jugements de Dieu auxquels il faut croire, contre le témoignage même de notre raison.

Cette purgation vulgaire avait cependant des adversaires. Aucune constitution pontificale ne l'autorise, le pape Etienne V la prohibe (2), et des hommes éminents furent toujours ses adversaires. Toutefois, les ordalies furent longtemps employées surtout dans les pays du Nord. Innocent III, dans deux lettres de 1206 et 1211, la proscrit enfin d'une façon formelle pour les juridictions ecclésiastiques. Quatre ans plus tard, en 1215, le quatrième concile de Latran prenait une mesure qui devait réfléchir sur la pratique des tribunaux laïques

---

(1) « Divini viri ad ignota investiganda invenerunt judicium aquæ frigidæ. » Hincmar *(de divortio Lotharii et Tetbergæ)*. Migne, Patrol. lat. t., cxxv.

(2) Nam ferri candentis et aquœ ferventis examinatione confessionem extorqueri a quolibet sacri non censent canones (lettre d'Etienne V à l'évêque de Mayence), 20, c. 2. 9. 5.

en abolissant le rituel et en interdisant au clergé de
prêter son concours à la cérémonie (1).

On s'explique difficilement le succès et la confiance
que témoignaient aux ordalies les juristes de cette
époque. Si peu avancé que fut l'état de la civilisation,
si profonde que fut la foi dans ces sortes d'épreuves, il
est clair que cette foi n'aurait pu se maintenir, si les
résultats des épreuves n'avaient pas été assez variés
pour entraîner dans une proportion convenable la
condamnation ou l'absolution des patients. Cette diversité de résultats s'explique par les fraudes des prêtres
qui dirigeaient ces épreuves, par les conditions maté-
rielles dans lesquelles l'épreuve était subie, et enfin par
la mesure très large d'appréciation qui appartenait au
juge (2).

Malgré la grande faveur dont jouissaient ces
épreuves, elles eurent des adversaires comme Agobard
et Pierre le Chantre, qui s'élevèrent contre leur application avec une grande liberté de langage, pour en
faire remarquer l'injustice résultant des fraudes que
l'on y commettait. « Le jugement de l'eau, dit Pierre
le Chantre, est injuste à **cause** du dol et de la fraude
qui s'y pratiquent ; par exemple, de la part de celui qui
prépare l'épreuve dans la manière de lier le corps en
forme de bateau, de cloche ou de boule. Il le devient
encore par le fait de celui qui y est soumis selon qu'il
émet ou retient son souffle ; s'il ne sait le lâcher, il

____

(1) Concil. Lateran. (Mansi. t. XXII, c. 1007).
(2) Voy. Tanon, *Histoire des tribunaux de l'Inquisition en
France*, p. 313-315.

surnage. Ainsi la question de savoir si une vie humaine doit être épargnée ou sacrifiée dépend de la ruse de celui qui sait respirer à propos (1). » On pouvait s'exercer à l'épreuve, et quoique cette préparation fut interdite, elle ne s'en pratiquait pas moins. Nous voyons, dans Pierre le Chantre, qu'un homme qui avait sept fils, voulant en préparer un pour l'épreuve de l'eau, fît avant de l'affronter un essai avec les sept. Les six premiers surnagèrent ; le septième, aussitôt jeté, toucha le fond. « C'est celui-là qu'il me faut », dit le père, qui le fit agréer pour le remplacer et sortit ainsi de l'épreuve à son avantage (2).

L'ordalie n'était pas le seul mode de conviction employé contre les accusés, et le juge ne s'interdisait à leur égard ni la preuve par témoins ni l'usage de la question. La torture était employée en même temps que l'ordalie, elle pouvait être cumulée avec elle. C'est ainsi que l'évêque de Laon, jugeant un homme accusé d'avoir volé le trésor d'une église, le soumit à l'épreuve de l'eau froide dans laquelle il succomba, quoique par une supercherie à laquelle s'était prêté son gardien, il en eût fait un essai favorable dans sa prison ; puis, il fut livré pour être soumis à la question au juge laïque, qui lui appliqua du lard chaud sur le corps et fît ensuite le simulacre de le pendre pour forcer ses aveux (3). Le cumul de l'ordalie et de la torture se

(1) Pierre le Chantre, c. 78, p. 203. *Est injusta ex dolo, etc.*

(2) P. le Chantre, c. 78. *Exemplum de eo qui preparans unum de*, etc.

(3) D'Achéry, *Spicilegium*, t. III, p. 558, Appendice à Guibert de Nogent.

rencontre déjà dans la loi des Wisigoths (1) où une disposition prescrivait l'épreuve préalablement à la question, pour diminuer les cas d'application de celle-ci aux hommes libres.

Quant à la preuve testimoniale qui était admise en principe, elle était en fait rarement administrée. Il semble, par les nombreuses poursuites que nous rapportent les chroniques, que les témoins faisaient parfois défaut, ou que ce mode de preuve était considéré comme trop lent, ou inspirait peu de confiance (2). D'ailleurs, tous les accusés qui nient sont invariablement soumis à l'ordalie. Certains juges, sans avoir recours au jugement de Dieu, avaient des procédés d'instruction plus rapides encore. En 1051, on jugea et pendit, à Goslar, en Saxe, plusieurs hérétiques qui n'avaient pas avoué, mais qui avaient refusé de tuer des poulets. Ce fut assez pour les convaincre de catharisme ; la doctrine cathare interdisant de tuer des animaux (3). D'autres accusés furent jugés sur une charge plus légère : la seule pâleur de leur teint, considérée comme la preuve d'un régime d'où était exclue toute nourriture animale, conformément aux préceptes cathares, les fit condamner comme hérétiques (4).

---

(1) *L. Wisigoth.*, VI. I. 3.

(2) V. sur la preuve testim. à l'ép. franque : Thonissen, *L'organis· judic. de la loi saliq.*, 2ᵉ édit., p. 498. — Glasson, *Dr. et Instit. de la France*, t. III, p. 181.

(3) Gesta, episcop. Leodiensium, c. 64 (*Monument. germ. script.*, t. VII, p. 228).

(4) Gesta, episcop. Leodiensium, c. 64 (*Monument. germ. script.*, t. VII, p. 228).

L'épreuve judiciaire cessa d'être le procédé normal d'instruction, lorsque la procédure d'inquisition commença à se développer en France, mais la foi du vulgaire dans ces ordalies eut une singulière survivance qui se dévoile à des époques rapprochées de notre siècle. En 1694, à Dinteville, le juge fit jeter dans l'Aube, pieds et poings liés, pour subir l'épreuve, un mari et sa femme accusés d'empoisonnement (1). Cette affaire fut portée au Parlement, qui défendit d'user, à l'avenir, de pareils moyens de conviction. Le juge du lieu répondit que ce qu'il avait fait se pratiquait couramment dans plusieurs provinces, notamment dans l'Anjou et le Maine (2). En 1696, à Montigny-le-Roi, près Auxerre, plusieurs hommes et femmes, accusés de sorcellerie, demandèrent eux-mêmes à subir l'épreuve dans la rivière de Sernin (3). Des faits identiques, imposés non plus par une décision régulière du juge, mais par la superstition populaire, se sont encore passés, de notre siècle, dans la presqu'île d'Héla, de la Prusse Polonaise, en 1836 (4); et plus récemment encore, en 1857, d'après M. Bogisic, dans le Monténégro et l'Herzégovine (5).

Procédure inquisitoriale.

Vers la fin du XIIIᵉ siècle, la procédure criminelle toute entière subit une modification fondamentale, la

(1) Le Brun, t. II, p. 291.

(2) Arrêt de la Tournelle, 1ᵉʳ décembre 1701. — Bibliot. nationale réserve 2439.

(3) Le Brun, t. II, p. 291 et suiv.

(4) Michelet, *Origines du droit*, p. 342.

(5) Melusine, *Revue de mytologies, traditions et usages*, t. II, p. 6.

poursuite d'office remplaça la dénonciation privée (1), et le système inquisitorial, avec ses éléments compliqués d'instruction, remplaça les épreuves judiciaires. On ajouta aux renseignements fournis par les dépositions orales de l'information, une foule de témoignages écrits ou matériels, et l'on réserva au discernement du juge, la décision qu'on demandait auparavant à la force physique ou au hasard de l'ordalie. C'est aux juridictions ecclésiastiques que revient l'honneur d'avoir introduit cette institution dans nos lois (2). Fidèle gardienne des institutions latines, l'Église avait conservé dans sa procédure l'usage des investigations secrètes que lui avaient léguées le droit romain. Son esprit de modération et de clémence lui faisait rechercher l'amendement du coupable plutôt que son châtiment. Plus préoccupée de l'observation de la loi morale et religieuse que des exigences physiques ou politiques, elle avait réservé toutes ses rigueurs pour les attentats contre la foi et les bonnes mœurs.

Créée par les décrétales d'Innocent III et de Boniface VIII (3) pour faciliter la recherche des fauteurs d'hérésie, la procédure inquisitoriale ne tarda pas à devenir la règle commune de toutes les juridictions ecclésiastiques qui l'étendirent à tous les procès, alors si nombreux, de leur compétence. Les juristes, dont le seul but était alors de fortifier le pouvoir royal, ne manquèrent pas de s'emparer d'un mode d'action

(1) Beaumanoir, *Coutumes de Beauvoisis*, cap. XXXI, 14.
(2) V. Faustin Hélie, *Traité de l'Instruction criminelle*, t. I, n° 416.
(3) Faustin Hélie, *op. cit.*, t. IV, n° 1545.

qui, dans les mains des juges royaux, devait être si
puissant (1). Cette procédure, en effet, transportait
l'action publique aux mains du juge ; elle lui déférait
le pouvoir d'exercer d'office les poursuites et de les
diriger à son gré. Essentiellement secrète et ne faisant
peser aucune responsabilité sur l'enquêteur, permettant
de faire sans bruit toutes les poursuites et recherches,
de vérifier tous les indices et tous les soupçons, elle fut
l'un des instruments les plus utiles à la reconstitution
du pouvoir royal.

L'enquête ou information comprenait les dépositions
de témoins, les vérifications de faits et d'indices : elle
était secrète et écrite, elle comprenait à peu près tous
les éléments d'une véritable instruction préparatoire.
Mais dans les emprunts qu'elle fit au droit canonique,
notre législation au lieu de suivre son esprit de douceur
et de charité se montra pleine de rigueur et de cruauté
envers les accusés. Elle choisit la procédure extraordinaire, la plus cruelle de toutes, celle que l'Église
réservait aux hérétiques, et elle en fit la procédure de
droit commun, usuelle et normale (2).

Devant cette juridiction, l'inculpé n'était plus un
simple défendeur soutenant son droit, c'était un
prévenu dont le juge ne devait pas méconnaître l'innocence, si elle venait à être établie, mais dont il avait le
droit de rechercher tous les actes et contre lequel il
pouvait employer tous les moyens d'information. Dans
son désir de réprimer les nombreux crimes commis

(1) Montesquieu, liv. XXVIII, 40. — Guizot, t. V, p. 100.
(2) Voir les ouvrages de MM. A. du Boys et Jules Loiseleur.

à cette époque, le législateur rendit la procédure terrible pour l'accusé. Elle se composa de deux enquêtes. La première, dite information générale, établissait le corps du délit et remplissait le rôle de notre instruction. Le juge dirigeait une foule de recherches ; ses agents, greffiers, sergents, huissiers, fouillaient le domicile de l'inculpé, se rendaient sur le lieu du délit, recueillant les dires et confectionnant ainsi l'enquête, complétée ensuite par les interrogatoires de témoins.

Le prévenu était soumis à une série d'épreuves qui l'enlaçaient. Ce n'était pas seulement des témoignages oraux, mais des aveux, des dénonciations secrètes que l'instruction appelait et que l'accusé était impuissant à repousser. Cette procédure, souvent modifiée par de nombreuses ordonnances sur des points de détail, fut définitivement organisée dans toute sa rigueur par les ordonnances de 1539 sous François Ier et de 1670 sous Louis XIV. Pour la rendre plus secrète, on privait l'accusé de défendeur, on l'obligeait au serment et l'on séparait l'information à décharge de l'information à charge faisant ainsi, comme disait Ayrault, « d'une accusation deux procès. » La publicité et les plaidoieries ne s'y trouvant pas, la procédure consistait uniquement dans l'instruction, d'où ce nom d'instruction criminelle qui a maladroitement passé dans notre Code.

L'enquête commençait par une série de constatations confiées à des officiers subalternes de justice (1) :

(1) Loyseau, ch. 8 et 44. — Imbert, *Pratique criminelle*, p. 633.

exempts, sergents, huissiers, personnages dont le désintéressement était suspecté à bon droit et dont la rapacité est devenue proverbiale. On confiait même cette enquête « à bonnes personnes sages et loyaux du pays (1). » Les juristes protestaient contre cette coutume ; Ayrault (2) disait : « Recevoir déposition d'un homme, c'est affaire de juge, non d'appariteur. » Au XVIᵉ siècle, les lieutenants criminels reçurent la mission de procéder à l'enquête, mais les abus subsistèrent et l'ordonnance de 1670 parvint seule à les faire cesser.

L'instruction générale terminée, le cahier d'information clos et scellé était déposé au greffe, et l'accusé en aucun cas n'en recevait communication (3). Alors, s'il y avait lieu, on décrétait l'accusé, c'est-à-dire qu'on lançait contre lui un décret équivalant à nos mandats, et l'interrogatoire commençait dans les vingt-quatre heures. Privé de conseil, ne pouvant s'entendre avec un avocat pour combattre les charges qui devaient le faire ranger parmi les coupables, l'accusé était livré à ses seules inspirations, et la peur, le trouble auxquels il était en proie fournissaient contre lui de fausses apparences. Tourmenté par le désir de lui faire avouer le crime, l'enquêteur ne reculait devant aucun stratagème. L'interrogatoire était une véritable lutte entre l'accusé et le juge ; des finesses, des subterfuges, des tromperies de toute

---

(1) Ordonnances de 1453, — de 1539, art. 144 — de 1579, art. 203.
(2) Ayrault, *Instruct. judiciaire*, liv. III, 2ᵉ partie nº 35.
(3) Ordonn. 1536, (30 août), art. 7 — de 1539, art. 146 et 147.

sorte, étaient employées de part et d'autre. Bien naturelles chez l'accusé, elles auraient dû être inconnues au juge ; ce n'était pas pourtant de ce côté que l'on trouvait les moindres artifices. Les actes qui nous ont été conservés, ne gardent pas trace de cette lutte, parce qu'ils ne donnent que les résultats en reproduisant la substance des réponses de l'accusé. Ils ne nous montrent pas celui-ci aux prises avec le juge et nous cachent le travail lent et obstiné qui amenait les aveux, mais les pratiques inquisitoriales nous renseignent amplement sur ce point (1). Eymeric expose les ruses dont un juge habile peut user (2). « Si les témoignages ne sont pas probants, il prendra en main les pièces du procès et les ouvrira en reprochant à l'accusé de ne pas dire la vérité, de telle sorte que celui-ci croie que ces pièces le condamnent. Il peut encore le surprendre par la multiplicité de ses questions, le leurrer par de douces paroles, lui envoyer des personnes sûres qui l'engageront à avouer en lui promettant sa grâce. Et les choses seront ainsi ordonnées que certaines personnes seront apostées en un lieu convenable pour surprendre leur confidence et recueillir leurs paroles. »

Le but principal de l'interrogatoire était d'arracher à l'accusé l'aveu qui suffisait à entraîner sa condamnation. Il était spontané, ou forcé par les habiletés de l'interrogatoire. Lorsqu'il n'était pas volontaire, le juge recourait à la contrainte ; le moyen suprême était la question. Bernard Gui préconise la détention

(1) Bernard Gui. *Pratique*, part. V, p. 242, 256, 277.
(2) Eymeric, part. III. Cautelœ inquisitorum contra heretic, cavillation, et frand.

comme mesure à appliquer à tous les accusés qui ne veulent pas avouer. « Il faut, dit-il, les conserver en prison afin que la souffrance leur ouvre l'esprit » (1). En fait, la détention était le moyen le plus employé, elle était simple ou avec chaînes (*carcer durus*), dans des basses fosses ou des cellules. On employait aussi pour forcer les aveux la privation de nourriture. La tour de l'Inquisition, à Carcassonne, nous donne un témoignage de ce genre de torture par un mot gravé sur le mur d'un cachot. C'est le cri d'un prisonnier aux prises avec les angoisses de la faim : « *œscam !* » à manger ! (2).

Entouré par cette série d'interrogatoires et de violences comme d'un cercle de fer qui allait en se rétrécissant de plus en plus, l'accusé, lorsqu'il comparaissait pour la procédure finale devant ses juges, était traité comme un coupable.

Si, après les différentes phases de l'instruction, au lieu de preuves certaines et péremptoires, il ne se dégageait contre l'inculpé que des indices graves; si on n'avait pu « rien gagner sur lui, » suivant l'expression de l'ordonnance de 1539, on recourait à la torture, à cette façon d'interroger qui paraissait alors si naturelle, qu'on la désigna simplement dans le langage usuel sous le nom de question judiciaire.

La torture est un véritable procédé d'instruction destiné à faire avouer l'accusé et à démontrer sa culpabilité. Léguée à nos tribunaux par la loi romaine et

---

(1) Bernard Gui. *Pratique*, part. V, form. 13, p. 302.
(2) Foncin. *Guide à la cité de Carcassonne*, p. 107.

surtout employée chez nous à la fin du XIII° siècle, la torture, suivant certains auteurs, bien que mentionnée par le Bréviaire et la loi des Wisigoths (1) n'aurait pas été employée pendant toute la période du Haut Moyen-Age. Nous nous étonnons, ainsi que MM. Esmein et Tanon (2), de ce que le Seigneur haut justicier, qui, jugeant ses hommes, ne relevait que de Dieu, se soit interdit ce mode de preuve si conforme aux mœurs du temps. D'ailleurs nous avons cité un exemple de torture, cumulé avec le jugement de Dieu dans un cas de vol, ce qui semble bien prouver que la question était employée avant l'organisation de la procédure inquisitoriale.

Ce déplorable moyen fut trouvé si efficace pour faire parler le prévenu que son usage rapidement généralisé se rencontre dans toutes les législations criminelles de l'époque, sauf en Angleterre où les juristes la repoussèrent toujours. Mais si son application était universelle, le mode d'emploi variait beaucoup. Les ouvrages de P. Grillandus et d'Augeras nous décrivent un grand nombre de procédés employés.

. Chaque contrée, presque chaque tribunal, avait son mode spéciale, mais il y en avait de plus habituels que d'autres. Le Parlement de Bretagne faisait pratiquer la question par le feu, dans laquelle on approchait graduellement d'un brasier, les jambes nues d'un patient attaché sur une chaise de fer. A Autun on versait de

---

(1) L. salique, XL. 2; des Wisig., VI. I. 2-3.
(2) Esmein, *Histoire de la procédure criminelle*, p. 96. — Tanon, *op. cit.*, p. 363.

l'huile bouillante sur les pieds. Au Parlement de Besançon, on recourait à l'estrapade : ce supplice consistait à hisser le patient au haut d'un poteau et à le laisser retomber à terre avec une telle force qu'on risquait de lui briser les jambes. L'estrapade abandonnée comme torture au XVIIe siècle, subsista comme punition dans l'armée jusqu'à la Révolution. Plusieurs tribunaux faisaient serrer dans un étau les pouces de l'accusé. Dans le ressort du Parlement de Paris, on employa concurremment la question à l'eau, qui consistait à verser dans le gosier du patient un certain nombre de pots d'eau, et la question aux brodequins qui se donnait en plaçant le patient sur un siège de bois, les bras attachés à deux grosses boucles de fer scellées au mur, et lui serrant fortement les jambes dans des boîtes dont on rétrécissait peu à peu la capacité en y enfonçant des coins. Pour des criminels jugés indignes de pitié, on était autorisé à recourir à des procédés plus atroces encore.

En Italie, on empêchait l'accusé de dormir, en Allemagne, on le soumettait au tourment de la soif ; en Suède, on plongeait le prévenu dans un tonneau de matières fécales.

On pouvait sans doute apporter des ménagements aux tourments infligés, mais si l'on en croit les chroniques, les progrès de l'humanité consistèrent à ne pas pousser jusqu'au bout la cruelle épreuve, à faire souffrir le plus possible le patient sans lui donner la mort. Un médecin placé à côté de l'accusé et lui tenant le pouls arrêtait l'exécuteur lorsqu'il croyait la vie de

l'inculpé en danger. L'arbitraire du juge dirigeait
d'ailleurs cette partie de l'instruction. Certains faisaient
apliquer la question jusqu'à cinq fois. Bernard Délicieux, qui se fit sur ce point comme sur tous les autres
l'ardent défenseur des victimes, fut lui-même éprouvé,
cruellement éprouvé par la torture. Il y fut mis trois
fois par Hugues de Badafeuille, qui la lui fit appliquer
comme il lui plût, sous la seule réserve de ne pas
mettre sa vie en danger, ni de le mutiler ou de lui
infliger une infirmité permanente (1).

Tels étaient les moyens par lesquels on arrachait des
aveux aux malheureux qui n'avaient pas assez d'énergie
pour résister à ces tourments.

L'ordonnance de 1670 voulait que le patient fut
interrogé trois fois : avant, pendant et après la question. Par un monstrueux abus des mots, quand le
prévenu, pour échapper aux tourments, promettait ou
faisait des aveux, le procès-verbal déclarait que les
réponses de l'accusé étaient faites sans force ni contrainte, quoique ce fut évidemment la crainte dè la
torture qui les lui fit faire. Si le procès-verbal dé la
question ne précédait pas cette déclaration, on pourrait
vraiment croire que l'accusé n'y avait pas été soumis.
Nous avons un curieux exemple de cette équivoque dans
un procès dirigé en 1529, à Luxeuil, contre une femme
accusée de sorcellerie. A la suite de l'interrogatoire,
on lui donne la question : « Et ce fait, elle est esté liée
les mains derrière le dos, et lui esté attachée une pierre

____

(1) Hauréau. *Bernard Délicieux*, p. 158.

ès pieds, icelle pesant environ 50 livres, et ce fait qu'elle dirait son cas, et sur ce, elle esté interrogée ainsi que s'ensuit (suit l'interrogation). Par quoy, ouy sa confession volontaire et sans géhenne, etc. (1). » Parfois des juges plus humains se contentaient de faire passer l'accusé par la chambre de la question : on étalait devant lui les terribles instruments afin que la crainte du supplice lui arrachât des aveux.

Ce mode d'instruction avait l'épouvantable inconvénient d'exposer à la mort ou à être à tout jamais estropiés des prévenus même absous. Etienne Pasquier nous a transmis l'histoire de ce malheureux forgeron qui, soupçonné d'un assassinat commis avec un marteau dérobé chez lui par l'assassin, fut soumis à la question. Il fut tellement estropié qu'il ne put jamais reprendre son état et mourut de misère. Barthole, qui vivait au XIVe siècle, raconte lui-même que trompé par les apparences de santé d'un accusé contre lequel il informait, il lui arriva de le mettre à la torture sans ménagement et d'avoir été ainsi la cause de sa mort presque subite.

Lors des conférences préparatoires de l'Ordonnance de 1670, la torture, dont on avait déjà expérimenté la cruelle inutilité, rencontra un adversaire éloquent dans le président de Lamoignon ; mais le vieux Pussort, « qui n'avait pas le cœur tendre », la défendit avec obstination et son maintien fut décidé. Mais si l'on maintenait cet atroce procédé, on éprouvait cependant une sorte de honte à l'employer. Dans ces conférences

______

(1) *Cabinet historique*, an 1877, p. 275-276.

que nous venons de rappeler, le même Pussort, s'oppo-
sant à la réglementation de la torture dans l'Ordonnance, disait : « qu'il serait indécent de régler la
question et de la décrire minutieusement dans la loi ».

La cause de l'humanité devait finalement triompher ;
depuis 1670, la question pouvait ne plus être appliquée
sur une simple décision de l'instructeur ; l'inculpé ou
le ministère public pouvaient faire appel de son ordonnance. Enfin, dans sa Déclaration du 24 août 1780,
Louis XVI abolit la question préalable.

La torture était le couronnement d'une procédure où
tout avait été conçu pour épouvanter l'accusé. Elle était
si redoutable, cette procédure, que le Président de Harlay
avait coutume de dire que si on l'accusait d'avoir volé
les tours Notre-Dame, il commencerait par se sauver (1).
Parmi les nombreux inconvénients résultant de la
question, il en est un que les magistrats ne s'avouaient
généralement pàs, mais qui n'en était pas moins des
plus fâcheux. L'emploi de la torture, comme moyen
d'instruction, faisait du juge le coopérateur du bourreau ;
il endurcissait son cœur et le rendait inaccessible à la
pitié. Quand on appliqua à la question Damiens,
l'assassin de Louis XV, on vit le duc d'Ayen et le garde
des sceaux Machault prendre un féroce plaisir à faire
martyriser le criminel.

____

1) B. Warrée, *Curiosités judiciaires*, p. 49.

SECTION III. — LÉGISLATION MODERNE.

Telle était, au Moyen-Age, l'instruction préparatoire ; impitoyable et sanguinaire, féroce pour l'accusé, qui, privé de conseil et abandonné aux enquêtes perfides des juges, torturé par la question, ne pouvait même pas combattre, par une contre-enquête, les indices et les preuves accumulées contre lui par toute sorte de moyens inavouables. C'est cependant cette instruction du XVIe siècle, toute imparfaite et toute barbare encore, qui servit de base à celle adoptée par notre Code.

En renversant l'édifice de la législation criminelle du XVIe siècle, nos modernes législateurs en ont conservé la base : la procédure préparatoire (1).

D'abord modifiées et restreintes par les lois des 16 brumaire 1791 et 3 brumaire an IV, les règles de cette instruction furent presque textuellement reproduites par la loi du 7 pluviôse an IX et par notre Code d'instruction criminelle. La loi de 1791 et le Code de brumaire an IV ne firent que déplacer la compétence de l'instruction, qui fut successivement confiée aux juges de paix et aux officiers de police, puis aux juges de paix seuls.

La loi de pluviôse an IX fut un retour aux traditions du passé. Elle enleva l'information aux juges de paix pour la confier aux juges d'instruction et aux substituts

____

(1) V. Faustin Hélie, *op. cit.*, l. IV, p. 1550 et suiv.

du ministère public (1). Le Code d'instruction criminelle, marchant plus hardiment dans la voie que lui avait ouverte la loi de l'an IX, a repris à notre ancienne législation la plupart de ses dispositions relatives à l'instruction. Le juge d'instruction en est seul chargé. La procédure lui appartient, il la dirige d'après ses appréciations personnelles. Le ministère public ne prend part qu'à quelques-uns de ses actes, et seulement dans le cas de flagrant délit, encore le juge peut-il refaire toutes ses opérations, s'il le croit utile. Véritable maître du procès criminel, il fouille, recherche, compulse, rassemble et vérifie tous ses éléments. La loi, confiante en sa sagacité, lui a donné, pour l'aider dans cette tâche, un pouvoir presqu'illimité, augmenté encore par la suppression de la Chambre du Conseil (2), qui contrôlait la justesse de ses appréciations. Il peut accomplir tous les actes qui tendent à la découverte de la vérité; il examine les dénonciations, fait citer les témoins, nomme des experts, se transporte sur les lieux, procède à des visites domiciliaires, à des perquisitions, à des saisies. Il dresse les procès-verbaux, ordonne l'arrestation des citoyens et décerne les mandats. Il interroge les inculpés, prescrit les confrontations, et lorsqu'il juge la procédure complète, il statue sur la mise en prévention (3).

Cette instruction, complètement écrite comme celle de notre ancien droit, est constatée par des procès-verbaux qui sont la seule base du jugement. Elle est

(1) Loi du 7 pluviôse an IX, art. 7, 8, 9 et suiv.
(2) Loi du 17 juillet 1856.
(3) C. d'instr. crimin., art. 59, 70, 71, 73, etc.

de plus secrète, mais dans une certaine mesure seulement depuis la loi du 8 décembre 1897.

Notre instruction préparatoire est toute entière inquisitoriale et puisée aux ordonnances de 1539 et 1670 ; une longue expérience et les données de la science ont montré que ce système était le plus efficace et le plus propice à la recherche et à la découverte des crimes. Mais en adoptant ce principe, comme base de l'instruction, notre code a-t-il su en faire une application éclairée et à l'abri de toute critique ? Sans doute ce système était le plus rapide et le plus sûr de tous, mais le mode d'exécution qui lui a été donné n'est-il pas, comme conséquences fâcheuses, disproportionné aux avantages qu'il procure ? (1)

Nous disons avec la doctrine : « La meilleure forme de procédure est celle qui tend avec le plus de force à mettre la vérité en lumière et à lui faire pénétrer l'esprit du juge (2) ». Mais nous ajoutons : « pourvu qu'elle ne permette pas le tort d'une injuste poursuite et qu'elle ne blesse aucun intérêt légitime (3). » La grande préoccupation de l'instructeur doit être de blesser le moins possible les intérêts et la liberté des tiers. Il ne suffit pas, en effet, que la procédure fasse luire la vérité aux yeux du juge, il faut qu'elle ne la dégage des faits qu'à l'aide de justes moyens. En s'efforçant de donner à la Société la réparation d'un dommage, la Justice ne doit pas en produire un plus grave peut-être que le premier.

(1) Faustin Hélie, op. cit. n° 1.561. — Garraud-Frebutien, etc.
(2) Romagnesi. — Genesi del diritto penale, t. II, p. 421.
(3) Mittermaïer. — *Traité de la preuve*, ch. III.

On ne peut pas dire que la torture ne fut un moyen d'instruction très efficace ; mais sa trop grande rigueur faisait son injustice et nous a rendu odieux à tout-jamais un système que personne n'oserait soutenir et dont le succès n'effacera jamais la cruauté.

De même, les arrestations multipliées, la mise au secret, les détentions prolongées, les violations de domicile, les confrontations émouvantes, les interroga-toires suggestifs, sont aussi des moyens efficaces pour arriver à la découverte de la vérité, mais nous ne saurions qu'en désavouer l'usage, parce qu'appliqués à un prévenu innocent ils deviennent odieux et risquent de le perdre. Si la Justice ne devait marcher vers son but qu'à travers les mesures les plus oppressives, elle cesserait d'être la Justice.

Le principe inquisitorial, qui est celui de notre ins-truction, contient en lui-même, à côté de sa puissance considérable, un danger imminent ; c'est l'abus facile qu'on peut en faire. Le juge, qui réunit tous les pouvoirs en sa main, est naturellement porté à les étendre et à outrepasser ses droits à son insu et de bonne foi. De là, tendance incessante de cette procédure à se servir des mesures les plus acerbes, et qui provoquent si souvent de justes récriminations (1) ; de là les excès de pouvoirs et les erreurs judiciaires, si nombreuses, si pénibles pour l'opinion publique.

Notre code, loin d'édicter quelques moyens propres à contenir ces entraînements, avait laissé au juge

(1) Dalloz, Pér. 1897. V. projets de lois en 85 et suiv. (F° p. p. 130.)

d'instruction une puissance presqu'illimitée ; il s'était borné à lui indiquer quelques règles que le défaut absolu de sanction rendait illusoires. La nouvelle loi de 1897 est venue mettre obstacle à certaines erreurs possibles au juge d'instruction, en munissant l'inculpé d'un conseil dès le commencement de cette instruction.

DEUXIÈME PARTIE

ACTES DU JUGE PENDANT L'INSTRUCTION

LÉGISLATION ACTUELLE

Lorsque le juge d'instruction est saisi d'une affaire, quelque soit le mode et la raison de son investiture, son but doit être de trouver le vrai coupable et de le livrer à la justice. Cette poursuite du criminel nécessite une série de mesures dont la nature est invariable.

La première règle qui s'impose, c'est la constatation des lieux, qui permet de trouver les indices, de lever les traces qui mettront le juge sur la voie du coupable. Dans cette constatation rentrent nécessairement le droit d'exercer des visites domiciliaires et les perquisitions, sans lesquelles le droit de constatation serait illusoire. La saisie des pièces de conviction complète la constatation et permet d'en perpétuer le souvenir.

Cette première opération effectuée, le juge, à défaut de conviction, peut avoir des doutes sur certaines personnes, ces doutes ou cette conviction, il peut les changer en certitude par toute sorte de preuves; soit par le témoignage des tiers, soit par des preuves écrites. Parfois ces preuves doivent faire l'objet d'expertises. Enfin, l'interrogatoire de l'inculpé permet encore au juge de s'éclairer dans sa difficile besogne.

Lorsque le juge est suffisamment convaincu de la culpabilité de l'individu qu'il poursuit, la loi lui donne dans les mandats, le moyen de l'arrêter et de le garder à sa disposition. Mais cette arrestation elle-même peut être mitigée par la mise en liberté provisoire.

C'est là que s'arrête la mission du juge ainsi que l'instruction.

CHAPITRE PREMIER

DE LA CONSTATATION JUDICIAIRE

SECTION I. — NATURE ET ORIGINE DE LA CONSTATATION.

La constatation judiciaire est l'un des moyens les plus sûrs pour arriver à la preuve recherchée. Rien de plus naturel en effet que de demander les traces du criminel à l'objet lui-même de son crime, aux lieux où il a été commis, aux instruments qui ont servi à sa perpétration. Après avoir relevé tous ces indices, le juge d'instruction consigne dans un procès-verbal le résultat de ses investigations ; c'est ordinairement l'acte initial de l'instruction.

Ce moyen de preuve, qui appartient surtout à la procédure inquisitoriale, n'a pas été inconnu des Romains; le Code en parle dans une loi relative à la vérification des cas de réforme militaire (1). On en trouve aussi des traces dans les lois mérovingiennes (2). Mais la constatation judiciaire n'est devenue la base du procès criminel que lorsque la procédure inquisitoriale remplaça la procédure accusatoire.

(1) L. 6. *Code de re militari* : Quando non temere dimittantur, etc.
(2) *Lex Salica*, Cap. extran, cap. IX.

A cette époque, la constatation judiciaire avait une importance très considérable, surtout à cause de la rigueur dont s'entourait l'instruction. Lorsque cette constatation chargeait un innocent, celui-ci avait parfois grand peine à démontrer l'erreur dont il était victime. Cette première enquête était souvent confiée à des personnages subalternes dont la vénalité était bien connue. Ayrault dit : « Les commissions se baillent ordinairement à des sergents archers et tels autres moins qualifiés officiers » (1). Et l'article 144 de l'ordonnance de 1539 commettait encore aux huissiers et sergents le soin de procéder à ces enquêtes. Ce défaut fut bientôt après corrigé, et le juge enquêteur dût procéder lui-même à ces constatations. Dans notre droit actuel, c'est toujours le juge d'instruction qui opère cette formalité et qui en dresse le procès-verbal. Mais si l'agent et les conditions de la constatation sont les mêmes dans notre ancien et notre nouveau droit, certaines différences existent entre ces deux législations.

Dans notre ancien droit, le procès-verbal, dressé par l'enquêteur à la suite de sa constatation, faisait foi complète du corps du délit (2). Il suffisait qu'un juge ou l'un des agents subalternes qu'il avait délégués aient cru reconnaître les traces d'un délit ou d'un crime, alors qu'il y avait simplement accident ou simulation, pour que ce fait donnât lieu à des poursuites et à une condamnation. En réalité, le crime n'existait pas, mais le procès-verbal en tenait lieu.

(1) Ayrault. *Instruct. Judic.*, liv. III, 2ᵉ part., nº 13.
(2) Jousse, t. II. p. 25.

Les nombreux procès de sorcellerie, qui se terminaient toujours par le bûcher ou la potence pour les accusés, nous fournissent constamment des exemples curieux de constatations ridicules et impossibles que les juges admettent comme vraies sur la foi des procès-verbaux.

Cette confiance dans la parole des officiers même subalternes de la police judiciaire, n'a pas été reproduite dans notre Code. Les procès-verbaux en général ne sont devant la Justice que de simples renseignements, et la constatation du juge d'instruction lui-même, malgré les pouvoirs et la confiance que le législateur a mis en lui, ne prouve pas le fait qu'il constate ; il est simplement livré à l'appréciation du juge du fond, qui l'utilise pour former sa conviction. Cette mesure n'est pas de la défiance envers le juge d'instruction, mais elle limite son pouvoir en ne donnant pas à son procès-verbal une véracité absolue.

Un autre point intéressant, la constatation des faits, est de savoir si le procès-verbal du juge est essentiel à la procédure, et si l'on ne peut poursuivre les autres actes de l'instruction en l'absence de cette constatation. Au point de vue rationel, il semble évident que le juge ne doit pas s'exposer à commencer une procédure au sujet d'un délit auquel de fausses apparences auraient fait croire et qui n'aurait pas été commis. Les Romains prohibaient tout acte d'instruction avant la constatation du crime (1) ; la procédure inquisitoriale développa ce principe. Jousse disait : « La première règle

____

(1) L. 1. Code. — Ubi causae fiscales. — Pauli sentent. b. III' t. V, § 11.

est qu'avant tout on doit constater le corps du délit ;
car, si ce corps du délit n'est pas constant, c'est en vain
que le juge ferait entendre des témoins pour en
connaître l'auteur (1). » Notre code d'instruction
criminelle a reproduit ce principe de la procédure
inquisitoriale : « qu'il n'y a pas de criminalité certaine
si le délit lui-même n'est pas certain (2).» Maintenant,
comme autrefois, le premier soin du juge d'instruction
doit être de constater s'il y a eu réellement délit
commis, mais cette constatation n'est pas essentielle à
la procédure qui peut être valable en son absence, et
toute autre preuve peut remplacer le procès-verbal du
juge d'instruction. La jurisprudence s'est fixée dans ce
sens par de nombreux arrêts (3).

SECTION II. — DU TRANSPORT SUR LES LIEUX.

Pour constater le corps du délit et dresser son
procès-verbal, le juge d'instruction est obligé de se
déplacer, de se transporter sur les lieux. Dans notre
ancien droit, afin d'éviter ce déplacement, le juge
envoyait un officier quelconque de sa dépendance dont
le rapport faisait foi. Actuellement, le juge se transporte sur les lieux à sa volonté et lorsqu'il le juge
nécessaire pour l'issue de son instruction. Les avan-

(1) Jousse. T. II, p. 4. — Ordonnance 1670, tit. IV, art. I.
(2) C. I. C. art. 32, 47.
(3) Arr. Cassat., 19 juin 1817. (Z. P., t. XIV, p. 298). Id. 16 mars 1837
(Bulletin n° 32), etc.

tages du transport au lieu du délit n'échappent à personne : le juge se rend compte par lui-même de la disposition des choses et devient par conséquent plus apte à saisir les explications des témoins et même à les compléter. Il en profite pour relever les indices et faire les saisies de pièces à conviction, pour examiner les personnes comme les choses.

Lorsque les constatations sont faites par un officier et non par le juge, il est cependant utile pour l'instruction que ce dernier aille constater par lui-même l'état des choses ; ce n'est pas pour lui une obligation (1). Le juge doit donc se transporter sur les lieux toutes les fois qu'il espère arriver par cette mesure à la découverte d'un fait important, pour la manifestation matérielle de la vérité et pour l'appréciation morale du fait incriminé (2).

Lorsque ce déplacement est considérable et surtout lorsque « la descente du Parquet » doit avoir lieu dans les campagnes, il se fait avec un cérémonial destiné à manifester aux yeux des populations la puissance de la Justice et à donner aux esprits ignorants et timides la pensée d'un pouvoir rémunérateur qui protège et qui punit. Des circulaires ministérielles, en vue de l'économie des frais de justice, ont souvent tendu à restreindre ces manifestations (3).

En fait, c'est souvent au juge de paix qu'est dévolue la charge très grave de procéder à cette visite des lieux,

---

(1) C. I. C., art. 62, 87, 88.
(2) Mittermaïer, *op. cit.*, p. 181.
(3) Circ. minist. de la just., 30 sept. 1826, 20 nov. 1829, 20 déc. 1845, etc.

de recueillir les preuves et d'approfondir les premiers éléments de l'information.

Pour ces constatations, le juge d'instruction doit être accompagné d'un procureur de la République et d'un greffier ; la présence de ces deux personnages est une sorte de contrôle qui ajoute à l'autorité de son procès-verbal. Au cas de flagrant délit, il est tenu de se faire assister du commissaire de police ou de témoins (1).

Cette règle existait dans notre ancienne législation, où l'enquêteur devait se faire assister d'un adjoint qui prêtait serment de garder le secret (2). Cette institution supprimée par l'ordonnance de 1670, rétablie en 1694, disparut de nouveau en 1704; dès lors l'adjoint fut remplacé par le Fiscal ou Procureur du roi (3). En 1791 on rétablit l'usage des adjoints ou notables, usage qui s'est d'ailleurs maintenu dans plusieurs législations étrangères et dans la nôtre pour le cas de flagrant délit.

Le juge d'instruction est donc tenu de se faire accompagner du Procureur pour procéder aux constatations, il est donc forcé de communiquer à ce magistrat l'ordonnance de transport. Mais si ce dernier jugeant la chose inutile refuse de l'accompagner, le juge d'instruction pourra-t-il passer outre et procéder seul aux constatations ? Selon nous, le juge pourra le faire, parce que le Procureur n'exerce sur ses actes qu'un

(1) C. I. C., art. 42, 59.
(2) Imbert. Praetica, p. 185 et 187.
(3) Jousse, t. II, p. 13.

simple contrôle, et surtout, parceque si la liberté d'agir conférée au juge d'instruction est trop considérable et doit être restreinte dans certains actes, dans le transport, qui est pour le juge un des moyens les plus sûrs d'arriver à la découverte de la vérité, on ne saurait mettre d'entraves à sa liberté d'action (1).

L'assistance du greffier indiquée par le Code comme condition essentielle à la validité du transport ne saurait être écartée. Le juge peut toujours ordonner au greffier, son subordonné, de l'accompagner; son absence entacherait la procédure de nullité, car c'est lorsqu'il assiste le juge que ce dernier est véritablement dans l'exercice de ses fonctions. Il faut cependant décider avec la jurisprudence que le remplacement du greffier peut avoir lieu en cas d'empêchement (2). Le juge rédige le procès-verbal de sa constatation; c'est lui qui fait l'acte, le greffier ne fait que le transcrire.

Certains auteurs veulent reconnaître au greffier le droit de faire au juge des observations et d'exiger les rectifications qui lui semblent nécessaires (3), en vertu du pouvoir propre que la loi lui confère. Selon nous, le pouvoir propre au greffier ne concerne aucunement les opérations de ce genre : il doit s'occuper uniquement de la régularité et de l'ordonnancement matériel des écritures dont il est responsable, mais il ne doit pas être juge du fond de ces actes. Cette question ne saurait d'ailleurs s'élever que pour des constatations

(1) C. I. C., art. 62, 73, 112.
(2) Arr. Cassat., 3 sept. 1852. (Bulletin n° 308).
(3) Bruneau. *Maximes sur les matières criminelles*, p. 67.

délicates, et dans ce cas, nous préférerions ne beaucoup la décision du juge à celle du greffier. En fait, cette question ne se pose jamais à cause de la subordination du greffier au juge.

SECTION III. — DE LA CONSTATATION EN ELLE-MÊME.

La constatation du délit peut être multiple et amener une série d'inspections diverses, nous ne passerons en revue que les plus fréquentes. Le législateur a reconnu au juge d'instruction une série de droits qui entament plus ou moins la liberté individuelle. Il peut procéder à la visite des lieux, faire des perquisitions, opérer des saisies de pièces à conviction ; toutes ces investigations n'ont qu'un but unique: la constatation du délit. Ce dernier fait, considéré en lui-même, ne peut occasionner que rarement un conflit entre le juge d'instruction et les particuliers, mais la visite des lieux, les perquisitions, la saisie des pièces qui en sont les moyens, amènent souvent des intérêts en présence ; d'une part l'ordre publique à qui est due la punition du coupable, et d'autre part l'intérêt particulier qui, sous le nom d'inviolabilité du domicile et du secret de la profession, peut être lésé par les actes du juge d'instruction.

Le juge doit avant tout constater le corps du délit ; reconnaître par exemple l'état du cadavre s'il y a eu crime, et déterminer le mode employé par l'assasin, décrire les objets avoisinants le corps, tracer même un plan des lieux où il a été trouvé, en un mot, agir de façon à garder le souvenir exact de toutes les choses qui pourraient mettre sur la trace du coupable. A plus forte raison doit-il autant que possible déterminer le moment exact où le fait a du se produire ; il peut recourir dans ce but à l'office des experts.

Ses recherches doivent aussi porter sur les circonstances qui ont pu accompagner le crime. Dans le cas d'homicide, il devra rechercher s'il y a eu lutte ou non, si la victime est tombée dans un guet-apens, le nombre de ses blessures. Si les causes de la mort ne sont pas apparentes, on procédera à l'autopsie et même à l'exhumation si le cadavre est inhumé. Le juge devra toujours y assister en personne et contrôler par lui-même les dires des experts dont l'intervention à pour seul but de former sa conviction (1). Il peut se faire assister dans son instruction non seulement par des médecins, mais par tous ouvriers qui lui seraient utiles dans l'exercice de leur profession : des serruriers pour ouvrir les portes, des terrassiers pour opérer des fouilles, des dessinateurs pour lever des plans, etc.

Dans cette constatation du corps du délit, le rôle du magistrat est difficile et délicat. Souvent un fait prend les apparences d'un délit qui n'en a pas la cause ; à première vue, l'on est tenté de croire qu'il y a crime,

____

(1) Duverger, t. II, p. 219. — Jousse, t. II, p. 26.

une dénonciation hasardée forme une conviction, et sur cette fausse base se fonde une erreur judiciaire. Aussi le juge d'instruction doit-il être circonspect et prudent dans ses investigations. Il doit observer avec impartialité toutes les circonstances accidentelles des faits, accueillir sans précipitation les renseignements qui lui sont fournis et les contrôler aussi souvent qu'il le peut.

L'instruction, d'une façon générale, prend ouvertement la tournure que le juge veut lui donner, parce que l'esprit le plus consciencieux est toujours disposé à interpréter les faits suivants ses idées et à les revêtir du reflet de ses propres impressions. Au juge de se cuirasser contre ses opinions personnelles. Le législateur ne peut remédier à cet inconvénient qu'en limitant comme il l'a fait la portée de l'instruction, qui est elle-même appréciée par le juge du fond.

La constatation des faits varie suivant la nature de chaque délit ; ces variations ont été énumérées et expliquées dans des ouvrages importants : nous n'examinerons ici que quelques cas intéressants.

Dans les cas de viol et d'avortement, l'exploration corporelle est souvent utile, sinon nécessaire. Dans quelle mesure le juge d'instruction pourra-t-il l'ordonner ? Il est certain que ces moyens ne sont pas interdits au juge ; son pouvoir illimité a lieu de les comprendre, et les articles du code concernant le viol et l'avortement ne les prohibent pas. Cependant, l'esprit du législateur, ordinairement très prude en ces matières, semble vouloir écarter le plus possible ces moyens d'instruction (1). Des magistrats ont employé ces expertises, par une mesure générale d'enquête, et non en se basant sur des indices déjà recueillis. A la découverte du cadavre d'un enfant, ils ont ordonné la visite corporelle de toutes les femmes habitant la maison. Dans le cas de viol survenu dans un établissement d'instruction, ils ont prescrit la visite de tout le personnel enseignant, alors même que des présomptions pesaient déjà sur d'autres individus. Cette mesure, prise comme principe d'instruction dans les cas qui y sont relatifs, nous semble exagérée et hors de propos ; elle est de plus vexatoire pour ceux qui y sont soumis injustement.

Qu'une femme inculpée d'avortement, qu'un homme soupçonné d'un crime, soient soumis à l'examen corporel, c'est le droit du juge, c'est un moyen de preuve qui est dû à l'instruction. Qu'un enfant se plaigne, par exemple, d'attentats à la pudeur exercés sur lui, c'est un devoir du juge de vérifier la plainte, mais cette visite doit être limitée aux individus intéressés et ne pas s'étendre comme une mesure générale pour rechercher là trace du coupable ou l'existence du crime. La Justice doit toujours conserver son caractère de gravité et de réserve et ne pas employer des moyens de recherche qui pourraient corrompre la pudeur des femmes et des enfants. Que la personne qui se plaint ou qui est accusée, soit soumise à cet examen, c'est le résultat de la plainte ou du fait de l'inculpation, mais le juge doit toujours

(1) Dans le projet du Code civil, le divorce pour impuissance a été écarté à cause des constatations médicales que ce motif entraînait.

repousser ces moyens extrêmes et flétrissants, vis à vis d'une personne qui ne se plaint pas, ou contre laquelle aucun indice ne s'élève.

SECTION IV. — DU DROIT DE PERQUISITION.

Lorsque, par suite de certaines circonstances, le juge d'instruction, présumant que des preuves du délit existent dans d'autres lieux que celui où il a été perpétré, peut s'y transporter pour y opérer des perquisitions. Ce droit de perquisition est l'un des plus étendus et des plus arbitraires qui appartiennent au juge d'instruction ; c'est aussi l'un de ceux qui ont soulevé le plus de récriminations. En vertu de ce pouvoir, l'inviolabilité du domicile est singulièrement restreinte. Sur de simples présomptions, sur la seule croyance qu'il trouvera des preuves ou des traces du délit qu'il instruit, le juge peut s'introduire et opérer des recherches partout où il le croit utile. Le ministère public n'a ce droit de perquisition que dans quelques cas peu nombreux ; au contraire, le juge d'instruction a le droit absolument illimité de perquisitionner chez les particuliers prévenus ou non, quel que soit le fait reproché ou la nature des lieux, qu'il y ait ou non flagrant délit. C'est ce qui résulte nécessairement des articles 87 et 88 de notre Code. Ces articles sont ainsi conçus : Art. 87. Le juge d'instruction se transportera s'il en est requis et pourra même se transporter d'office dans le domicile du prévenu, pour y faire la perquisition des papiers, effets et généralement de tous les objets qui seront jugés utiles à la manifestation de la vérité. — Art. 88. Le juge d'instruction pourra également se transporter dans les autres lieux où il présumerait qu'on aurait caché les objets dont il est parlé à l'article précédent. — Ces articles montrent bien évidemment que le droit de perquisition, accordé au juge d'instruction, n'est limité que par sa conscience et sa volonté, et qu'il peut se transporter, pour exercer son droit, dans tous les lieux où il juge bon de se transporter.

On s'explique difficilement une infraction aussi considérable que celle-là, à l'inviolabilité du domicile qui est, avec la liberté individuelle, un de nos droits les plus précieux.

L'inviolabilité du domicile est reconnue et consacrée par notre législation dans les termes les plus formels : la Loi des 19 et 22 juillet 1791, la Constitution de Fructidor an III, le Code du 3 Brumaire an IV la proclament. La Constitution du 22 Frimaire an VIII la déclare en ces termes : « La maison de toute personne habitant le territoire français est un asile inviolable. » La Constitution de 1848 reproduit cette disposition, et notre Code pénal prononce, en l'article 184, une peine correctionnelle contre tout magistrat ou officier public qui enfreindrait cette règle. Sauf certaines exceptions, prévues par des lois spéciales concernant un intérêt fiscal, ou des lieux réputés publics, sauf le droit de perquisition accordé au ministère public dans le cas de flagrant délit, l'inviolabilité du domicile est un principe absolu et dont la violation est sanctionnée sévèrement, puisque dans certains cas elle sert d'excuse à l'homicide et qu'elle est même parfois assimilée au cas de légitime défense.

Il est donc difficile d'expliquer ce pouvoir, anormal dans son étendue, confié à l'instructeur, cette exception si considérable à un principe formel. Remarquons tout d'abord, que ce droit conféré au juge d'instruction n'est qu'une exception à un principe, et qu'on ne saurait l'étendre en dehors des cas auxquels la loi l'applique. Certains auteurs, forts de cette observation, ont prétendu restreindre le pouvoir du juge d'instruction. D'après eux, ce droit étant une exception, il faudrait le réserver pour les cas d'absolue nécessité et ne le reconnaître au juge que lorsque son application est indispensable à l'instruction des affaires. D'autre part, se basant sur le texte de l'article 87 qui autorise le juge à se transporter au domicile du prévenu et s'appuyant sur cette remarque que la visite domiciliaire n'est pas une mesure de police, mais un acte d'instruction, destiné à fournir des preuves sur un fait déjà établi, ils voudraient ne reconnaître au juge que le droit de perquisitionner seulement au domicile du prévenu. Selon ces auteurs, c'est l'esprit du législateur qui le veut ainsi (1). Mais le texte de l'article 88 est formel et reconnaît d'une façon absolue au juge le droit de perquisitionner dans tous les autres lieux qui sont présumés recéler des pièces à conviction. Il en a le droit, et s'il peut, suivant les circonstances, apporter

____

(1) Boitard, p. 356. — Mangin, t. II, p. 147.

plus ou moins de réserve à l'étendue de ses actes, lui seul en est le maître. La loi lui a conféré ce pouvoir d'une manière générale, et rien ne saurait le restreindre que son appréciation personnelle.

Il faut même décider, toujours en prenant pour base l'article 88, que le juge d'instruction aurait le droit d'ordonner la perquisition générale de toutes les maisons d'un quartier ou d'une localité : cette mesure peut être, en effet, très utile à la Justice, au même titre que la perquisition particulière, et la loi ne la défend pas (1). Sans doute, la perquisition domiciliaire n'est qu'un moyen d'instruction qui ne devrait s'appliquer, de même que la visite corporelle, qu'aux inculpés ou aux plaignants ; mais le texte formel de la loi laisse tout entier ce moyen de preuve à la discrétion du juge d'instruction, sans le restreindre par aucune condition. Il lui permet de procéder à ces visites toutes les fois que cela lui semblera utile pour la justice ; en un mot il ne soumet ce droit qu'à sa propre volonté.

Nous devons nous incliner devant la volonté du législateur, mais cela ne nous empêche pas de déplorer les conséquences de ce pouvoir exagéré et vexatoire. De même que le droit de visite corporelle, la perquisition domiciliaire nous semble nécessaire et utile dans de nombreux cas ; non seulement lorsqu'il y a délit flagrant ou que l'habitant d'une maison appelle à l'aide, mais aussi chaque fois que des soupçons graves ou des probabilités font supposer qu'une visite rendra d'impor-

_____

(1) Avec nous Duverger, t. II, p. 196. — Schenck, t. II, p. 221.

tants services à l'instruction en cours. Dans ces circonstances, l'utilité publique l'emporte sur l'intérêt
particulier qui, d'ailleurs, se trouve faiblement lésé.
Mais reconnaître au juge, comme l'a fait notre législateur, le droit de pénétrer et de fouiller n'importe quelle
habitation privée, sans autre mesure que son appréciation personnelle, nous semble exagéré. Ce pouvoir
despotique, reconnu au juge d'instruction, n'est plus de
notre époque ; les enquêteurs du Moyen Age ont pu s'en
servir, sans soulever de récriminations, à un moment
où la torture était l'instruction toute entière, mais sous
l'empire de notre droit, qui pose comme principe
l'inviolabilité du domicile, on ne peut comprendre une
exception aussi large et aussi funeste à ce même principe. Que le juge puisse étendre cette mesure aux
établissements publics, aux domiciles des inculpés et
des plaignants, cela se comprend, mais qu'il puisse
l'étendre à volonté, aux demeures des citoyens non
inculpés et non plaignants, c'est ce que nous n'admettons pas. Si la Justice ne pouvait punir le crime que
par des moyens aussi injurieux et pénibles, l'impunité
lui serait préférable.

Ce droit de perquisition, le juge peut-il le déléguer,
comme la plupart de ses fonctions, à un juge de paix,
par exemple ? Nous verrons que pour certains actes de
l'instruction, pour les interrogatoires spécialement, le
juge est admis à se servir de l'intermédiaire du juge
de paix. Forts de cette analogie, certains auteurs ont
admis que le juge pouvait déléguer son pouvoir de
perquisition non seulement à un juge de paix, mais à

tout officier de police judiciaire (1). Ils ont pensé que juge était investi du pouvoir général de déléguer toutes ses fonctions lorsqu'il se trouvait empêché. Nous repoussons totalement cette manière de voir. La visite domiciliaire est une exception à un principe ; en tant qu'exception, on doit diminuer son application dans la mesure du possible. De plus, l'analogie que l'on cherche à établir entre la délégation au juge de paix des interrogatoires et des constatations avec la délégation que l'instructeur pourrait donner aux fins d'une visite domiciliaire n'existe pas. Le droit pour le juge de déléguer ses pouvoirs à un officier de police (2) est prévu au Code dans des termes formels. Au contraire, les articles qui donnent au juge d'instruction le droit de perquisition ne parlent pas de délégation.

Une raison historique nous montrera d'ailleurs qu'en cette matière la délégation n'est qu'une exception et non pas une règle. Dans la première période d'application de la procédure inquisitoriale, la délégation des pouvoirs du juge était une mesure constante. Nous avons vu à plusieurs reprises que les constatations, interrogatoires et autres actes de l'instruction étaient le plus souvent l'œuvre d'officiers de police subalternes, agents vénaux et corruptibles, dont les procès-verbaux faisaient pourtant foi. Cette pratique ne fut pas sans entraîner de nombreux abus, et les ordonnances du XVIIe siècle défendirent au juge de se servir de ces intermédiaires. Dès lors, le principe fut que le juge devait procéder

---

(1) Bourguignon, t. I, p. 195. — Legraverend, t. I, p. 239.
(2) C. I. C., art. 83 et 84.

lui-même à toutes enquêtes et que la délégation n'a pas lieu en matière criminelle (1).

C'est en effet la qualité personnelle du juge qui fait la garantie de l'inculpé, et qui justifie la grande confiance que le législateur met en lui; le juge ne doit donc reporter cette confiance sur ses subalternes que lorsque la loi le lui permet formellement. Notre législation actuelle, puisée tout entière dans les ordonnances de 1539 et de 1670, a forcément apporté ce principe dans notre droit, et c'est pourquoi nous refusons au juge d'instruction le droit de déléguer ce pouvoir de perquisition, puisqu'aucun texte de loi ne l'autorise.

La visite domiciliaire est soumise à quelques règles de forme, qui, malheureusement, ne limitent pas le pouvoir du juge d'instruction. D'abord, la perquisition ne peut avoir lieu au domicile d'un individu, qu'en présence de cette personne ou d'un fondé de pouvoir; mais cette présence n'est nécessaire que s'il s'agit d'une personne arrêtée. Cette règle existait dans notre ancien droit (2), son utilité est évidente. Le prévenu et la Justice ont tous deux intérêt à ce que tous les actes de l'instruction soient contradictoires; le prévenu peut, pas ses explications sauvegarder sa liberté, et le juge a besoin de la présence de l'accusé pour mieux comprendre les faits et ajouter à l'autorité des constatations qu'il peut faire. Ces opérations, dont plus tard doivent sortir les preuves, acquièrent une importance plus considérable lorsque l'inculpé en a été le témoin, quand il a été interpellé pour donner des explications

---

(1) Jousse, tome III, p. 150.
(2) Jousse, tome II, p. 62.

et que ses réponses sont consignées au procès-verbal. Les charges ne sont régulièrement acquises, selon nous, que lorsqu'elles ont été soumises à la contestation incessante de la défense.

Lorsque l'inculpé n'est pas en état d'arrestation, il a certainement le droit d'assister aux perquisitions, parce que les soupçons qui planent sur lui le font partie au procès et qu'il a intérêt à se mettre en présence du juge, et cela, même lorsque les visites ont lieu dans le domicile d'un tiers. Dans ce cas, l'habitant du lieu soumis à la perquisition, a droit d'y assister bien qu'il ne soit pas intéressé directement dans l'affaire, afin de sauvegarder, s'il y a lieu, ses effets et ses biens.

Une autre règle, que le juge doit suivre dans la visite domiciliaire, est celle qui interdit l'entrée d'un domicile particulier pendant la nuit. Le juge d'instruction n'a pas le droit de pénétrer chez un particulier pendant les heures de nuit légale (1); mais il est certain qu'il pourrait continuer la nuit une perquisition commencée le jour. La Loi des 19 et 22 juillet 1791 lui permet également de visiter, à toute heure du jour ou de la nuit, les établissements où l'on donne habituellement à jouer, ceux où l'on se livre notoirement à la débauche et enfin les lieux publics tels que boutiques, cafés, cabarets où l'on admet indistinctement tout le monde ; mais pour ces derniers, le juge n'aurait pas le droit d'y pénétrer la nuit s'ils étaient fermés.

(1) C. Proc. civ., art. 1037.

Telles sont les seules règles imposées par le législateur au pouvoir omnipotent du juge d'instruction.

Il est regrettable que l'instructeur possède sans contrôle un pareil moyen dont l'abus est facile et dont le seul exercice paraît souverainement arbitraire. Quelque soit l'imperfection et la trop grande rigueur de ce procédé, il faut reconnaître que souvent ses résultats sont excellents, et que si son étendue trop vaste permet de commettre des abus, son usage modéré est toujours une source de lumières pour la Justice. La visite domiciliaire permet, en effet, non seulement de relever des indices, de suivre les traces du coupable, de se rendre compte de la perpétration du délit, mais elle procure encore la saisie des pièces de conviction ; et c'est là le but principal de son investigation, aussi, pour y parvenir, la loi lui a mis en main un pouvoir omnipotent. Si la maison ou l'appartement dans lequel il veut entrer lui est fermé, il peut le faire ouvrir de force et réquisitionner les ouvriers nécessaires pour cette opération. Si on lui en refuse l'entrée, il peut, s'il y a lieu, ordonner l'assistance de l'autorité publique. Si les meubles sont fermés, il peut en exiger l'ouverture et prescrire enfin toutes mesures ou opérations qui ont pour but l'accomplissement de sa mission.

Section V. — Des saisies de pièces.

La visite domiciliaire a pour but principal la saisie de tous les objets pouvant servir de pièces à conviction.

Ce droit, de même que celui de perquisition, appartenait
à l'enquêteur de notre ancienne législation, et ses
auxiliaires en usaient avec une facilité qui n'était pas
toujours exempte de désintéressement : les auteurs qui
nous ont rapporté le souvenir de ces saisies, nous les
montrent comme de véritables pillages et comparent les
agents de la justice à des oiseaux de proie. De nom
breuses requêtes et réclamations aux autorités supé-
rieures font foi de leurs allégations, et il est certain que,
sous la législation du Moyen-Age, les enquêteurs, et
surtout les auxiliaires qu'ils employaient à ces opérations, ne faisaient pas preuve de probité et de modération
dans les saisies de pièces qu'ils étaient chargés de
pratiquer. Cette question n'a plus aucun intérêt chez
nous, où le service judiciaire est soumis à un rigoureux
contrôle de la part du magistrat qui le dirige, et où les
hautes qualités exigées du juge, sont un préservatif et
une garantie contre les abus de cette sorte.

Le droit de saisie est reconnu au juge d'instruction
et au procureur de la République dans les cas de flagrant
délit, par les articles 35, 37 et 89 du Code d'instruction
criminelle, qui permettent à ces magistrats, de se saisir
des armes et de tout ce qui paraît avoir servi ou avoir
été destiné à commettre le crime ou le délit, ainsi que
tout ce qui paraîtra en avoir été le produit (1) ; de saisir
tous les effets ou papiers qui pourraient servir à
conviction ou à décharge et d'en dresser procès-verbal (2).
L'article 89 étend au juge d'instruction ces dispositions·

(1) C. I. C., art. 35.
(2) *Ib.*, art. 37.

L'instructeur est encore, ici, armé d'un pouvoir très étendu et sans limites, dans lequel son appréciation personnelle est la seule borne. Nous répéterons, au sujet de la saisie, ce que nous avons dit au sujet de la visite domiciliaire. La saisie de pièces n'est qu'un moyen d'instruction et doit embrasser seulement les objets qui peuvent intéresser la découverte de la vérité.

La mesure laissée au juge est encore ici trop large, et il manque à la sécurité des citoyens, un contrôle possible des actes de ce juge et une sanction contre les abus. Un juge instructeur, qui pratiquerait sous le prétexte d'instruire une affaire, des saisies de documents, importants pour un particulier, serait encore dans son droit, aux yeux de la loi, bien que cette saisie soit inutile. Ce pouvoir est donc aussi illimité, aussi dangereux pour les tiers que les droits de perquisition dont nous avons parlé plus haut.

Il serait à souhaiter que l'inculpé arrêté, assistant avec le conseil qu'on doit lui donner, depuis la loi de 1897, à la perquisition et à la saisie, ait le droit de présenter des observations par l'intermédiaire de son avocat. Il serait utile pour la Justice comme pour le prévenu que la perquisition comme la saisie et aussi comme tous les actes de l'instruction fussent rendus contradictoires (1).

L'innovation serait d'ailleurs peu considérable. En effet, la loi du 8 décembre 1897, modifiant partiellement l'instruction préparatoire, admet en partie

____

(1) Faustin Hélie. T. IV, n° 1810.

seulement le principe de l'instruction contradictoire et donne dès le début un conseil à l'inculpé ; ce conseil assiste aux interrogatoires et a le droit de présenter des observations qui sont consignées au procès-verbal. Nous voudrions voir étendre cette mesure à tous les actes de l'instruction et notamment à la saisie de pièces qui donne lieu, ainsi que nous le verrons plus loin, à des contestations très délicates.

Nous voudrions que le conseil de l'inculpé ait le droit de faire observer au juge, que tel objet n'intéresse en aucune façon son instruction, que tel autre peut servir de preuve à décharge, en un mot que le juge ne soit pas livré à son arbitraire, à ses idées préconçues et au parti pris que tout homme apporte dans ses jugements, si impartial qu'il soit, et qu'il ait toujours à côté de lui un homme libre et indépendant, qui défende les intérêts de l'inculpé, comme lui, juge, défend les intérêts de la loi.

L'instructeur pendant sa saisie doit, aux termes de l'article 37, saisir tous les objets qui peuvent servir à conviction ou à décharge. C'est le caractère général des objets qui peuvent être saisis ; il faut qu'ils aient un rapport immédiat avec le fait incriminé ; mais cette relation est laissée à l'appréciation du juge. La loi indique d'une façon large les objets que l'instructeur doit saisir. Ce sont les armes ou instruments qui ont servi ou destinés à commettre le délit ; les machines d'un faux monnayeur, les armes d'un assasin, par exemple. Les produits du crime que le juge doit saisir, sont les fausses pièces trouvées en possession des inculpés de fausse monnaie, les actes argués de faux, les matières empoisonnées et destinées à la victime. Enfin, les objets qui peuvent servir à la manifestation de la vérité sont tous les effets ayant appartenu à la victime et au criminel, si leur état permet de relever des traces de lutte ou de violence, des objets portant un indice du fait, comme une pierre tachée de sang, des lettres trouvées en possession du prévenu ou à lui adressées, dans lesquelles on pourrait trouver l'intention ou l'aveu du crime (1),

Les règles qui entourent la saisie des pièces sont analogues à celles qui dirigent la perquisition : l'inculpé doit être présent à la saisie, les objets enlevés doivent être décrits et énumérés dans le procès-verbal ; ces mêmes objets doivent être ensuite réunis et enfermés sous scellés, afin d'empêcher tout changement ou fraude. Cette réglementation était connue et pratiquée dans notre ancien droit où elle n'empêchait pourtant pas les abus de toute sorte ; Jousse, entre autres conseils qu'il donne à l'instructeur, parle longuement de ces formalités (2).

Nous ne nous attarderons pas à ces détails et nous étudierons une question plus intéressante qui est celle de la saisie des pièces et papiers. Cette saisie a donné lieu à de nombreuses difficultés, sur lesquelles tous les auteurs sont loin d'être d'accord. Quand les papiers en question se trouvent en possession de l'inculpé, le texte de la loi donne formellement au juge d'instruction le

<hr>

(1) Schenck, *Traité sur le ministère public*, t. II, p. 214 et suiv.
(2) Jousse, t. II, p. 63, 64, 65. — Duverger, p. 113, 114.

droit de les saisir et de les utiliser pour la conviction ou la décharge. Mais quand ces papiers importants sont détenus par un tiers, le juge peut rencontrer plus d'un obstacle. Comme nous l'avons dit plus haut, au sujet de la perquisition et de la saisie, l'introduction de la contradiction dans cette partie de l'instruction, entre le juge et le conseil de l'inculpé, éviterait les controverses qui s'élèvent à ce sujet.

En vertu du pouvoir illimité, qui lui a été confié par la loi, le juge d'instruction peut-il opérer dans tous les cas la saisie des papiers qu'il convoite ? Le tiers, entre les mains duquel l'instructeur veut saisir, peut être propriétaire de ces papiers et avoir intérêt à leur conservation ; il peut n'en être que le dépositaire, comme l'avocat et le notaire, mais ces actes ayant été confiés à sa foi, il peut ne pas vouloir les livrer au juge. Enfin, ces lettres ont peut-être été confiées momentanément au détenteur, à l'administration des postes, par exemple ; le juge d'instruction pourra-t-il en opérer la saisie ?

Lorsqu'il s'agit de papiers détenus par leurs propriétaires et que ces papiers contiennent un moyen quelconque, permettant de jeter tant soit peu de lumière sur le procès, il est unanimement reconnu que le juge d'instruction peut procéder à la saisie de ces documents ; car les articles 87 et 88 de notre Code, loin de limiter ce droit de saisie, l'étendent à toutes les pièces qui seraient utiles à l'instruction : peu importe donc que leur relation avec l'affaire instruite soit évidente ou non.

Mais quand le tiers détenteur des écrits en question n'en est que dépositaire, est-il obligé de les remettre au juge qui les exige ? En matière de faux, il est obligé d'en faire la remise en vertu de l'article 452 de notre Code. Cet article, qui vise plus spécialement les officiers publics, les avocats, avoués, notaires, oblige ces personnes à remettre au juge d'instruction qui le requiert, les pièces incriminées de faux dont ils sont dépositaires.

Mais en dehors de ce crime de faux, directement prévu par la loi, les notaires, avoués, avocats, l'administration des postes sont-ils tenus à obtempérer aux exigences du juge ? Cette question a souvent fait l'objet de controverses. Presque tous les auteurs actuels croient que les recherches de la Justice ne sont pas arrêtées par le secret professionnel d'un avocat ou d'un notaire. Le secret des lettres lui-même n'est pas respecté par le juge d'instruction et il peut saisir la correspondance particulière en quelqu'endroit qu'il la trouve.

Pour les actes déposés chez les notaires et avocats, l'ordonnance de 1539 disait que ces personnes étaient tenues au secret pour les pièces déposées chez elles, sauf toutefois lorsqu'il serait ordonné par justice (1). La loi de frimaire an VII a confirmé cette mesure en exigeant des officiers ministériels la production des papiers qui leur sont confiés, dans les cas où la loi l'ordonne. Nous ne discuterons pas les termes de la loi

____

(1) Ord. de 1539, art. 177.

de frimaire an VII; selon nous, ils signifient simplement le pouvoir donné au juge d'instruction de pénétrer le secret de ces actes pour y chercher une preuve pouvant aider son action. L'intérêt des familles, la sécurité particulière sont lésées par cet étrange pouvoir, car, s'il est vrai de dire que l'instructeur est tenu au secret pour les choses qu'il parvient à découvrir en vertu de ce droit, il faut ajouter que trop souvent des indiscrétions ont pu être commises (1).

Quant aux papiers remis confidentiellement aux notaires et sous la foi du secret, le juge d'instruction peut-il les saisir lorsque le notaire lui aura dit les circonstances dans lesquelles ces papiers lui ont été remis ? La plupart des auteurs soutiennent que le juge doit s'arrêter devant cette nécessité, et qu'il n'a pas le droit de saisir des papiers confiés secrètement au notaire quand celui-ci les lui aura déclarés tels. C'est notamment l'opinion de MM. Mangin et Faustin Hélie, qui prétendent par cette doctrine sauvegarder les droits de la défense. Cette restriction au pouvoir du juge n'est nulle part contenue dans la loi, et nous ne l'admettons pas. Le notaire n'a rien de commun avec la défense de l'inculpé. Que l'avocat, chargé de défendre cet inculpé, ait le droit de s'opposer à la saisie par l'instructeur des pièces que son client lui a remises, c'est son droit et celui de la défense ; mais on ne peut décider la même chose à propos du dépôt fait au notaire, qui n'est rien dans la défense. La loi n'a pas

______

(1) Discours de M. Mazeau, premier président de la Cour de cassation, 1ᵉʳ octobre 1897 (*Gazette des Tribunaux*, 29 octobre 1897).

voulu que l'étude du notaire fut un asile inviolable contre les investigations de la Justice. Décider le contraire et interdire au juge l'accès de l'étude du notaire, étant donné surtout l'esprit de notre Code qui reconnaît au juge un pouvoir presqu'illimité, serait admettre une anomalie étrange dans l'ordre de l'instruction.

Il en est de même de l'étude de l'avoué qui, pas plus que celle du notaire, ne nous semble à l'abri de la saisie de l'instructeur. Cette règle n'a pas toujours été admise : Faustin Hélie nous parle d'un arrêt du Parlement de Toulouse qui ordonna de rendre et restituer des lettres saisies dans l'étude d'un avoué (1). Cet avoué demanda la nullité de cette saisie, en soutenant que les avocats et procureurs étaient tenus au secret pour les écrits qui leur étaient confiés ; qu'ils devaient fidèlement les garder, et que leurs études devaient être comme un lieu d'asile où leurs clients pouvaient mettre leurs lettres et leurs papiers à couvert. Le Parlement de Toulouse, sur ces motifs, annula la saisie. Cette doctrine et cette décision nous semblent absolument contraires à l'esprit de notre Code, qui a certainement rejeté toute idée d'exception en matière d'instruction et qui, en aucun cas, n'a reconnu d'asile infranchissable aux investigations de l'instructeur. La doctrine est d'ailleurs actuellement fixée dans ce dernier sens et reconnaît au juge le droit d'opérer ces saisies dans les études de notaires, d'avoués, ou dans le cabinet des avocats.

(1) Faustin Hélie, t. IV, n. 1818.

Reste à examiner une question très intéressante : celle de la saisie des lettres dans les bureaux de l'administration de la Poste. Le principe de l'inviolabilité des lettres était déjà respecté à Rome (1). Ayrault, l'un des meilleurs historiens de la procédure romaine, disait : « Les lettres d'entre mari et femme, d'entre amis et de choses privées ne s'ouvraient et ne se montraient pas (2). » Cette règle passa dans notre jurisprudence qui admit que les lettres missives ne pourraient servir de preuve à cause de leur caractère confidentiel, et parce qu'on ne pouvait le faire sans violer un secret (3). De nombreux arrêts ordonnèrent la restitution de lettres qui avaient été par erreur comprises dans des saisies (4).

Portée en 1789 devant l'Assemblée Constituante à propos de lettres saisies et que l'on supposait contenir des menées contre-révolutionnaires, la question du secret des lettres fut fortement soutenue par Mirabeau, Camus, Duport, et elle eût gain de cause. Le principe de l'inviolabilité de la correspondance privée a été chez nous souvent reconnu et sanctionné par nos lois ; protégé par elles, il se trouve hors d'atteinte. Notre Constitution l'a posé dans les termes les plus énergiques, et elle obéissait en cela à un besoin. La correspondance est en effet le résultat d'une nécessité de communication entre les citoyens ; c'est une conver-

---

(1) Cicero, — *Philipp.*, 2°.
(2) Ayrault, *Instruct. judiciaire*, 1. 3, n. 11, p. 278.
(3) Voy. notamm. Denisart, *Lettres missives.* — Jousse, t. I, p. 774. — Serpillon, t. I, p. 141.
(4) Arrêt du Parlement de Paris, 24 juillet 1817, etc.

sation prolongée, qui comme elle, a le droit de rester
secrète si elle en a besoin.

Mais, si le secret des lettres est inviolable, ce n'est
pas à dire pour cela que le juge ne puisse s'en servir
dans son instruction. Nous avons vu en effet, que le
juge peut saisir toutes les lettres qu'il trouve en la
possession de l'inculpé. Il peut par conséquent saisir
aussi toute la correspondance adressée à ce prévenu,
car c'est le destinataire qui est propriétaire de la
missive. Cela ne fait aucun doute, mais pourra-t-il
opérer cette saisie dans les bureaux de la Poste?
M. Mangin soutient que cette saisie ne peut avoir lieu,
parce qu'une lettre, confiée à la poste, ne peut être considérée comme cachée et que la saisie des lettres, en
dehors de la personne et du domicile du prévenu, n'est
permise à l'instructeur que lorsque ces lettres ont été
cachées (1).

Nous ne croyons pas cette explication satisfaisante ;
selon nous, l'interprétation du mot caché, qui se trouve
dans l'article 88 de notre Code, doit être moins restrictive ; ce mot doit signifier simplement l'objet mis hors
de la disposition du juge ; et dans ce cas, il faudrait
permettre au juge d'instruction de saisir les correspon-
dances adressées à l'inculpé dans les bureaux de la
Poste. Lorsque l'instructeur s'empare dans un bureau
de poste d'une lettre émanant de l'inculpé ou qui lui
est adressée, cette saisie nous semble toute naturelle ;
il ne fait qu'étendre le droit qu'il aurait de pratiquer

_____

(1) Mangin, t. I, p. 162.

cette saisie chez l'inculpé lui-même. Mais il nous semble difficile d'admettre que le juge puisse, sur une simple suspicion, saisir une correspondance échangée entre deux tiers sur la simple présomption que cette correspondance peut avoir un rapport quelconque avec son instruction. Et cependant les termes très généraux de l'article 35 laissent encore ici le droit au juge de se servir de la saisie dans une mesure illimitée. Quand le juge saisira la correspondance d'un tiers, correspondance garantie par deux principes inviolables : le droit de propriété d'un côté, et le secret des lettres d'un autre côté, grâce à cet article 35 il restera encore dans les limites de son pouvoir.

Certains auteurs, notamment M. Faustin Hélie, n'admettent la saisie de la correspondance dans les bureaux de la Poste que lorsque les lettres saisies émanent de l'inculpé ou lui sont adressées ; et pour soutenir cette opinion, ils mettent en avant, les principes de secret et d'inviolabilité dont nous avons parlé ; ils ajoutent que le droit de saisir les lettres doit être un moyen d'instruction et non d'investigation. Cela n'empêche pas que l'instructeur est investi d'un pouvoir tout puissant à cet égard, et qu'il n'a d'autre juge que sa conscience pour apprécier la justice de sa saisie. Nous avons déjà regretté l'étendue de ce pouvoir et souhaité que cette partie de l'instruction fut rendue contradictoire ; nous reviendrons encore sur ce projet à propos des autres actes de l'instruction.

CHAPITRE DEUXIÈME

DE L'AUDITION DES TÉMOINS A L'INSTRUCTION

SECTION I. — NATURE ET ORIGINE DU TÉMOIGNAGE

Après avoir constaté par son inspection personnelle le corps du délit, et après avoir saisi les pièces à conviction, le premier acte du juge doit être de recueillir les témoignages qui suppléeront aux faits qu'il n'a pu voir, et compléter ainsi les constatations.

Cet interrogatoire que nos anciens juristes appelaient information, au sens restreint du mot (1), avait dans la législation du Moyen-Age une importance capitale. Pendant cette période en effet, l'information tenait avec la question la place principale dans toute l'instruction. Les seules préoccupations du juge, à cette époque, étaient d'arracher un aveu à l'inculpé ou de le convaincre par le témoignage des autres. Pour obtenir l'aveu, nos juristes ne reculèrent pas devant la torture, et pour rendre plus efficaces les témoignages, ils entourèrent l'information d'une foule de règles sévères dont quelques-unes sont passées dans notre Code d'instruction criminelle.

(1) Jousse, t. II, p. 1.

Le témoignage des hommes a été placé par la nécessité au premier rang des preuves judiciaires. Les faits dont le juge peut acquérir la connaissance par son inspection personnelle sont l'infime minorité ; pour les autres, il est forcé de s'en remettre au témoignage de ses semblables, en se réservant d'en peser la valeur et d'en discuter la sincérité. D'ailleurs l'expérience montre que ces témoignages sont généralement l'expression de la vérité (1) ; l'histoire n'est qu'une série de témoignages qu'un siècle transmet aux siècles qui le suivent. Lorsqu'un homme a vu et entendu, croire sa parole est un moyen plus sûr d'arriver à la vérité que d'interroger les indices et les traces, témoins muets du fait. Les témoins sont les oreilles et les yeux de la justice (2) ; ils sont comme une explication vivante de l'événement et un commentaire de toutes les circonstances inexpliquées dans les procès-verbaux.

Mais, les préjugés, les faiblesses et les passions, auxquels l'homme est sujet, donnent à cet instrument de vérité des imperfections et des débilités. L'intérêt personnel, les affections, les haines troublent la conscience de l'homme et font qu'il ne peut plus être impartial. Il ne contemple les choses qu'à travers le brouillard de ses imperfections ; souvent ce qu'il voit ou ce qu'il croit voir n'est pas ce qui est. Aussi, toutes les législations, même les plus rigoureuses pour

(1) Bentham. *Traité des preuves*, chap. iv.
(2) Bentham, *op. cit.*, t. II, p. 93.

l'inculpé ont entouré les témoignages de règles sévères, destinées à en garantir la sincérité.

A Rome, où les témoins formaient à eux seuls une preuve entière du fait (1), il fallait que ces témoins fussent indépendants : *idonei*. L'intérêt qu'ils avaient dans la cause, leur parenté avec les parties, leur position dépendante ou servile, la note d'infamie étaient pour eux autant de clauses d'exclusion (2). Les témoignages étaient toujours oraux, et il en fallait au moins deux pour que le juge put en tenir compte ; d'ailleurs le juge devait se référer à la sincérité plutôt qu'au nombre des témoins (3).

Au Moyen-Age, la procédure inquisitoriale introduisit chez nous un système très compliqué. Les témoignages étaient recueillis par écrit, et c'était sur les procès-verbaux matérialisant pour ainsi dire les renseignements des témoins, que portait le procès. L'importance de ces déclarations sur lesquelles le jugement devait être rendu, sans débat, demandait des garanties. Le récolement et la confrontation (4) servaient de contre-épreuve aux témoignages qui devenaient irrévocables après l'appréciation de l'enquêteur. Cette appréciation contenait des classes distinctes de témoignages, suivant la qualité des témoins, et ces classes comportaient elles-mêmes des degrès infinis de probabilités (5). On exigeait aussi des témoins, des preuves d'idonéité qui

(1) L. 2. Code. quorum apellat, non recip. ; L. 16, Code. de pœnis.
(2) L. 4, 5, 6, 7, 10. Dig. de testibus.
(3) Testibus et non testimoniis crediturum. L. 3, § 3. D. *de testibus*.
(4) Voy. Trebutien, t. II, p. 12 et suiv.
(5) Voy. Faustin Hélie, t. I, n° 458 et suiv.

devaient assurer la sincérité de leurs dépositions. Les parents, les alliés, les amis, les subordonnés, les hérétiques et les infâmes ne pouvaient témoigner. De même ceux qui avaient contre les accusés une inimitié capitale étaient exclus. Et cette expression ne doit pas être entendue au sens littéral du mot, elle comprenait en effet non seulement les inimitiés résultant d'un attentat contre la vie, mais aussi de simples animosités contre l'accusé, résultant de circonstances moins graves. Pegna énumère parmi ces causes, le fait d'avoir infligé à l'accusé des injures graves, des blessures, celui de l'avoir sequestré, d'avoir prononcé contre lui des menaces de mort ; d'avoir tué un de ses parents, de cohabiter avec sa femme, sa mère, ses sœurs ; et même d'avoir proféré certaines injures, comme de l'appeler *cornutus* ou s'il s'agit d'une femme *meretrix* (1).

La règle romaine, que deux témoins étaient nécessaires pour entraîner la condamnation de l'accusé, fut transportée chez nous. Gui Foulques et Eymeric conseillaient de ne pas s'en tenir à ce chiffre, surtout quand il s'agissait de condamner un homme de bon renom (2).

Les noms des témoins étaient portés à la connaissance de l'inculpé qui devait les récuser et donner ses raisons, aussitôt que les noms lui avaient été communiqués. Cette exigence cruelle, adoptée par l'ordonnance de 1539, fut confirmée par celle de 1670. Mais, si l'inculpé avait à cette époque le droit de reprocher les

(1) Pegna sur Eymeric. III° part. quest. 67. p. 607-609.
(2) Guy Foulques. Quest. 15. — Eymeric III° part., p. 614.

témoins, il n'assistait pas à leurs dépositions qui étaient secrètes. A Rome l'information était contradictoire, les témoins étaient entendus publiquement en présence de l'accusé qui pouvait leur répondre, les interroger et même leur opposer son avocat.

Le secret des dépositions fut établi sous François Ier par l'ordonnance de 1539 et adoptée par les commissaires qui rédigèrent l'ordonnance de 1670, une surprise seule en fut la cause. On s'était imaginé que ces mots de la loi 14 au Code : *de testibus : « testes intrare judicis secretum »*, signifiaient que les témoins étaient interrogés en secret. Mais *secretum* signifiait ici le cabinet du juge; *intrare secretum* pour dire parler secrètement, ne serait pas latin. Ce fut ainsi un solécisme qui fit cette partie de notre jurisprudence (1).

Ici comme dans la plupart des dispositions relatives à l'instruction préalable, notre code a puisé dans les ordonnances qui organisèrent notre ancienne législation, les principaux éléments du système qu'il a adopté.

SECTION II. — SYSTÈME DU CODE

Dans notre Code, l'information est dominée par deux règles principales ; elle doit être faite par écrit et secrètement. Le juge d'instruction n'a pas pour unique mission d'acquérir personnellement la connaissance

____

(1) B. Warrée. *Curiosités jndiciaires*, p. 361. — Paris 1877.

des faits qu'il poursuit de ses investigations ; il doit encore transmettre cette connaissance aux juges, qui doivent prononcer snr l'instruction et en apprécier les résultats. Toute l'instruction préparatoire n'est en somme qu'un vaste procès-verbal, qui constate toutes les recherches du juge, toutes les dépositions des témoins et qui doit servir d'élément principal au jugement qui statue sur la mise en prévention de l'inculpé.

Cette écriture, qui parvient à fixer les résultats des enquêtes les plus instables, est un des plus puissants auxiliaires de la Justice, pourvu que les constatations qu'elle enregistre soient faites par un homme suffisamment pourvu de modération et d'impartialité. Nous avons vu, dans notre introduction historique, comment les enquêteurs du Moyen Age, par suite de la vénalité de leurs agents, rendaient l'instruction préalable funeste pour l'inculpé. Cette procédure était d'autant plus pénible, que le jugement définitif à cette époque était rendu sur le seul examen de l'instruction écrite, sans débats publics, sans organisation de la défense. Ces abus ne sont plus à craindre chez nous, mais il y en a d'autres qui peuvent se produire.

Nous avons montré, à propos de la visite domiciliaire et de la saisie des pièces, les inconvénients du pouvoir illimité qui appartient au juge d'instruction, pouvoir mal défini qui n'est borné par aucune règle certaine. Dans l'information, l'arbitraire du juge est tout aussi libre que dans les premiers actes de l'instruction ; pour peu que l'instructeur ait des idées préconçues, des sympathies

ou des haines, il recueillera plus volontiers les dépositions qui cadrent avec ses partis pris et négligera trop
souvent celles qui contrarient son jugement personnel.

Ce danger est encore augmenté par la seconde règle
générale qui conduit l'audition des témoins, par le
secret dans lequel doit se faire la réception des témoignages. Dans notre ancienne législation, l'ordonnance
de 1539 avait posé le secret de la procédure en principe
absolu ; l'accusateur et l'accusé ignoraient complètement l'information qui n'était connue que de la partie
publique (1). Le décret du 8 octoble 1789, et toutes les
lois de la période révolutionnaire donnaient au contraire communication de la procédure à l'inculpé.

Notre Code a pris une disposition mixte entre ces
deux systèmes. L'information est secrète en ce sens
que les interrogatoires de témoins ont lieu hors de la
présence de l'inculpé (art. 73), mais l'accusé reçoit
communication des pièces de la procédure, après l'arrêt
de la Chambre des mises en accusation, pour organiser
sa défense (2).

Jusqu'à cette époque, toute communication des pièces
est interdite, et par conséquent la procédure est secrète.
La Cour de cassation a déclaré : « que de l'ensemble
des dispositions du Code et particulièrement des articles
302 et 305, il résulte que la procédure en matière criminelle doit rester secrète jusqu'au moment où l'accusé,
étant renvoyé devant la Cour d'assises, a été interrogé
par le président de cette Cour ; que c'est, en effet, à

_____

(1) Jousse, t. I, p. 392. — Muyart de Vonglans, instruct. p. 226.
(2) C. I. C., art. 302 et 305.

partir de ce moment que commence pour l'accusé le droit de conférer avec un conseil et d'avoir copie ou communication de la procédure (1) ».

Il semble résulter de cette jurisprudence de la Cour suprême, que l'inculpé ne doit avoir communication de son dossier que lorsqu'il est muni d'un conseil ; or la loi du 8 décembre 1897 lui donne un avocat dès le début de l'instruction, dans son article 3, et l'article 10 de la même loi fait une obligation au juge d'instruction de communiquer la procédure à l'avocat la veille de chaque interrogatoire de l'inculpé. Les dispositions de notre Code sont donc changées à ce point de vue ; la communication des pièces antérieurement à l'arrêt de la Chambre des mises en accusation, qui était facultative avant la loi de 1897, est devenue obligatoire comme nous le verrons plus loin à propos de l'interrogatoire de l'inculpé. Mais la loi de 1897 n'a touché en rien aux interrogatoires des témoins, qui sont toujours secrets et qui se passent en dehors de la présence de l'inculpé ou de son conseil.

Cette loi a fait un pas dans la voie du progrés et de la justice, en accordant aux droits sacrés de la défense un conseil dès le début de l'affaire, elle aurait du compléter cette mesure de clémence, en rendant l'information contracdictoire et en permettant à l'inculpé d'entendre et de réfuter les témoignages qu'il y aurait lieu de combattre. Sans doute, « il serait souvent difficile d'arriver à la manifestation de la vérité, si

______

(1) Arr. Cassat., 19 mai 1827. (J. P. T. XXI, p. 450) ; 31 août 1833, etc.

pendant la première période de l'instruction, le prévenu initié à la connaissance des démarches des magistrats qui s'attachent à la découvrir, pouvait, parce qu'il connaîtrait l'objectif de leurs investigations, en rendre les effets inutiles par la disparition des preuves du crime, par ses manœuvres, par l'usage d'influences dangereuses sur des témoins faciles à intimider ou à égarer (1). »

Mais quand il s'agit d'un inculpé arrêté, tous ces griefs contre la communication des pièces en général et plus spécialement des dépositions des témoins, tombent d'eux-mêmes. L'inculpé pourra peut-être se concerter avec son défenseur ; mais c'est là le droit de la défense ; et combien sera plus claire et plus certaine l'opinion du juge, lorsqu'il aura vu l'inculpé en possession de tous ses moyens et appuyé des conseils de son avocat, se débattre en vain sous les accusations de témoins irrécusables. Quant à l'instruction d'un crime, dont l'auteur est inconnu, on devrait forcément faire exception en sa défaveur à la communication, car il ne pourrait y avoir information contradictoire qu'en présence de l'inculpé. Pour les pièces et les preuves que le prévenu ou un événement fortuit pourraient faire disparaître, la loi du 8 décembre 1897, dans son article 10, autorise, lors de l'existence d'indices sur le point de disparaître, le juge d'instruction à interroger et à constater, avant toute nomination de conseil à l'inculpé et répond par le fait même à cette dernière objection.

(1) Arr. Toulouse, 2 août 1847. (*Instr. crim.*, t. XIX, p. 265).

On ne saurait donc donner aucune bonne raison contre ce principe de l'audition contradictoire des témoignages, et il est regrettable que la loi de 1897, qui a rompu avec les anciennes rigueurs de la procédure inquisitoriale, n'ait pas étendu à l'information et à l'instruction toute entière, les mesures de protection qu'elle a données à la défense, en la munissant d'un conseil et en autorisant la communication des pièces. Tel n'est malheureusement pas le système de notre Code pour ce qui concerne l'interrogatoire des témoins. Le juge recueille ces dépositions en secret, et il en dresse un procès-verbal, qui demeure ignoré de l'inculpé jusqu'à la décision de la Chambre des mises en accusation, à moins que le juge ne trouve opportun de faire connaître avant cette époque à l'inculpé les témoignages qui le concernent. Depuis la loi de 1897, le juge est encore obligé de donner communication de cette procédure au conseil et par conséquent à l'inculpé la veille des interrogatoires de ce prévenu ; mais tant qu'il lui plaira de ne pas l'interroger, il pourra ne pas lui transmettre ces dépositions que l'inculpé a pourtant grand intérêt à connaître.

La défense est donc dans la même situation à ce point de vue que sous l'empire de notre ancienne procédure ; une série de mines est dirigée contre elle, elle n'en a aucune connaissance et ce n'est que grâce au hasard qu'elle peut prévenir leurs coups. Certains auteurs notamment, MM. Mangin et Faustin Hélie, tout en approuvant le système de notre Code ont essayé de tourner la difficulté. Ils disent que d'après l'économie du Code, d'après le pouvoir illimité du juge d'instruction et le droit de diriger tous les actes de la procédure que la loi a remis entre ses mains, on est porté à croire, qu'elle a voulu laisser à sa discrétion le soin de communiquer ou non la procédure au prévenu ; que rien ne s'oppose à ce que le juge, sur la demande de l'inculpé, ordonne ou rejette une communication qu'il jugera utile ou nuisible. Qu'en un mot le secret de l'instruction n'est pas absolu, et que la loi, en ne lui donnant aucune sanction formelle, a voulu laisser au juge le droit de lui poser une limite, en permettant la communication au prévenu des pièces de l'information quand cela ne peut nuire à l'instruction (1).

Selon nous, au contraire, le législateur a voulu que l'information fut absolument secrète. Il a puisé dans notre ancienne législation toute la théorie de la procédure écrite, et sous ce système, le secret était le fondement du procès. D'ailleurs les rédacteurs de notre Code d'Instruction Criminelle avaient sous les yeux les lois de 1791, de l'an IV et de l'an IX qui admettaient l'information contradictoire, et le seul fait de n'avoir reproduit en aucune façon l'esprit de ces lois, prouve que leur volonté était de se reporter à l'ancien système. Enfin, la jurisprudence de la Cour de cassation, que nous avons invoquée (2), décide que chez nous la communication des pièces de l'instruction ne doit être faite à l'accusé que postérieurement à la décision de la Chambre des mises en accusation.

(1) Faustin Hélie, *op. cit.*, t. IV, n° 1827.
(2) *Voy. supra*, p. 81 et la note.

Notre code, en reprenant le système de l'ordonnance de 1670, a donné aux déclarations écrites, revêtues de toutes les formes prescrites par la loi, une influence identique à celle qu'elles possédaient au Moyen-Age. Elles sont la base unique de la décision du juge instructeur et de celle de la Chambre d'accusation, et c'est ordinairement, sur le vu des charges qu'elles renferment, que la mise en accusation est prononcée. L'autorité de ces procès-verbaux ne cesse qu'au moment où commence la procédure orale, mais leur utilité se manifeste encore ; ils servent de fondement à cette nouvelle procédure comme autrefois aux récolements et aux confrontations. Ils doivent aussi depuis 1897 être communiqués à l'accusé et à son conseil, pour qu'ils puissent préparer la défense, au moins vingt-quatre heures avant chaque interrogatoire de l'inculpé. Enfin, à l'audience, ces déclarations sont résumées dans l'acte d'accusation, dont lecture est donnée aux jurés, et c'est par leur moyen que l'on contrôle les dépositions orales au moment des débats. De là, les nombreuses précautions prises par le législateur pour assurer autant que possible la sincérité des témoignages. Nous ne ferons que passer rapidement sur ces formes qui n'ont qu'un intérêt secondaire pour notre sujet.

Certaines règles président avant l'audition des témoins à leur désignation. L'ordonnance de 1670 ne permettait pas à l'enquêteur de désigner lui-même les témoins qu'il voulait entendre ; c'étaient les procureurs ou la partie civile qui faisaient citer les témoins, sauf dans le cas de flagrant délit où le juge les prenait lui-même. Notre Code n'a pas reproduit cette disposition de l'Ordonnance, le ministère public et la partie civile n'administrent plus les témoins, ils ne font que les indiquer.

Le juge d'instruction a donc le pouvoir absolu de prendre les témoins où il veut les prendre; de se servir des indications du ministère public et de ses dénonciateurs, ou de recourir à d'autres initiatives; de citer un nombre plus ou moins considérable de témoins. En un mot, ici, comme dans l'instruction presque toute entière, le juge jouit d'une liberté absolue et n'encourt aucune responsabilité en dehors de la prise à partie. La loi n'a déterminé ni le nombre de témoins à entendre, ni les conditions qui les doivent faire préférer les uns aux autres. Des circulaires ministérielles ont, à différentes reprises, conseillé aux juges de restreinde autant que possible le nombre des témoins, mais c'est là simple mesure d'économie dans laquelle l'intérêt de la justice n'entre nullement en considération.

La seule règle que le juge doit observer, c'est de poursuivre la découverte de la vérité et il ne doit exercer son pouvoir discrétionnaire que d'une manière impartiale et régulière. Ainsi, on admet généralement qu'il y a pour le juge une obligation morale à citer les témoins à décharge que lui indique l'inculpé, si ces témoins sont en état de déposer sur des faits justificatifs, mais qu'il n'a pas l'obligation d'appeler ceux qui n'auraient à déposer que sur sa moralité (1).

Les témoins que l'instructeur convoque doivent être cités par huissier ; on se méfie avec raison des témoins volontaires qui se présentent spontanément. Inversement, toute personne citée comme témoin est tenue de se présenter à l'instruction : le témoignage est en effet un devoir moral et civique. Tout homme a l'obligation de déclarer à la Justice ce qu'il a vu et entendu sur les faits qu'elle poursuit : il se rendrait complice de ses erreurs en lui déniant son témoignage (2).

Aux termes de l'article 80, la personne citée doit : « satisfaire à la citation » c'est-à-dire déclarer tout ce qu'elle sait sur les faits du procès (3). On a soutenu que ces termes n'emportaient pas l'obligation de déposer, et que le témoin, qui comparaissait devant le juge d'instruction et refusait de faire aucune déclaration, n'était passible d'aucune sanction (4). L'article 80 n'aurait alors aucun sens. Satisfaire à une citation, après avoir comparu, c'est nécessairement faire une déposition quand il s'agit d'un témoin. Un témoin ne peut pas refuser de déposer, en prétextant que ses déclarations pourraient lui porter préjudice ou qu'elles contreviendraient à une convention qu'il aurait faite. L'intérêt personnel du témoin, de quelqu'importance qu'il soit, s'efface devant l'intérêt social qui exige son témoignage ; la convention qu'il aurait pu consentir

(1) Bourguignon, t. I, p. 181. — Legraverend, t. I, p. 256.
(2) Ayrault, liv. III, 2ᵉ part., n° 21.
(3) Mangin, n° 106.
(4) Carnot : *De l'Instruction criminelle*, t. I, p. 364.

est nulle, et sa persistance à l'exécuter pourrait devenir dans certains cas un véritable crime.

Nul ne peut également invoquer, pour être exempté du témoignage, soit une dignité, quelqu'élevée qu'elle soit, ou des fonctions quelque soit leur importance (1). Qu'importe, en effet, le rang du témoin qui apporte la vérité, et comment sa dignité serait-elle offensée par l'accomplissement d'un devoir qui incombe à tous les citoyens ? Il est cependant des excuses, des dispenses et des prohibitions qui permettent à certaines personnes d'échapper à cette obligation du témoignage. Les excuses, que nos anciens juristes appelaient *exoines*, sont fondées uniquement sur l'impossibilité de comparaître. Cette impossibilité tantôt matérielle, tantôt purement morale, est laissée à l'appréciation de l'instructeur. L'impossibilité de comparaître peut, en effet, résulter de la maladie d'un proche comme de l'absence ou d'un malaise grave. La loi ne punit que l'infraction à l'ordre du juge. L'absence lointaine, la maladie, la détention sont les causes les plus ordinaires d'excuse, mais ces causes doivent naturellement être prouvées d'une façon explicite.

Si le témoignage en question paraît important au juge, il peut le faire recueillir par voie de commission rogatoire, moyen que nous étudierons tout à l'heure. Quant au témoin, qui ne peut se présenter sur le territoire français sous peine d'arrestation, par exemple un prévenu ou condamné politique, un insoumis ou un

____

(1) Serpillon, t. I, p. 450. — Jousse, t. II, p. 78.

déserteur, il doit être considéré comme dans l'impossibilité de témoigner. Cependant, si sa déposition possède un intérêt capital, le juge peut lui délivrer un sauf-conduit, qui lui garantit la liberté pendant le séjour momentané causé par l'obligation de témoigner ; le sauf-conduit délivré dans cette hypothèse porte nécessairement le délai pour lequel il est valable.

La loi, outre les excuses que peut admettre le juge d'instruction, a prononcé contre certains individus des prohibitions qui les empêchent de déposer. La parenté et l'alliance sont le principe de ces prohibitions, qui d'ailleurs ne sont pas absolues, mais purement relatives. On admet, en effet, qu'elles doivent être restreintes plutôt qu'étendues, parce qu'elles ont pour effet de faire obstacle à la manifestation de la vérité. Jousse, Roussaud de la Combe, Muyart de Vouglans enseignent formellement qu'en matière criminelle, les parents ou alliés des parties sont reçus à déposer, sauf aux juges d'avoir tel égard que de raison à la nécessité et à la solidité de leur témoignage. Notre législateur, qui a repris l'ancien système de procédure criminelle, semble avoir adopté pareillement les doctrines de nos anciens juristes ; c'est ainsi que l'article 33 du Code d'instruction criminelle prescrit au Procureur, dans le cas de flagrant délit, de recueillir les dépositions des parents et de les leur faire signer. D'autre part, les articles 136 et 322, qui prohibent l'emploi des témoignages des parents, concernent l'instruction orale des débats et non l'instruction préparatoire ; les reproches contre un témoin ne sont d'ailleurs pas une cause de nullité et le juge peut les entendre même lors des débats, à titre de renseignements. Cette prohibition fort restreinte n'existe pour ainsi dire pas ; c'est la nécessité des choses qui l'a voulu, parce que la Justice ne peut être privée des renseignements les plus précieux et que la règle ainsi circonscrite, permet de concilier les exigences de la morale et de la justice. Ce que la jurisprudence décide à propos des prohibitions pour l'audition des témoins, au cours des débats, il faut l'étendre à l'information, dont le résultat doit servir de point de départ à l'instruction orale et qui, pendant toute la durée de l'affaire, doit servir de point de repère aux juges du fond.

Le Code n'a prévu aucune dispense de témoignage, mais la jurisprudence y a suppléé et a dispensé de cette obligation les personnes qui, à raison d'un secret professionnel, ne peuvent déposer sans forfaire à leur devoir de profession. L'article 378 du Code pénal punit d'ailleurs les médecins, chirurgiens, etc., qui auraient révélé les secrets à eux confiés dans l'exercice de leurs métiers. L'intérêt de l'humanité, de la religion et de la défense, s'opposent en effet à ce qu'un médecin qui a donné ses soins à un prévenu, un prêtre qui l'a aidé des secours de la religion, ou un avocat auquel il a confié sa situation, soient obligés de livrer au juge les secrets qu'ils ont recueilli, grâce à la confiance qu'inspirent leurs professions. La Justice doit respecter le devoir qui pèse sur le médecin, le prêtre, le conseil du prévenu, parce que l'accomplissement de ce devoir est un besoin social, parce qu'il est indispensable de conserver à des fonctions, sur lesquelles la Société s'appuie, une indépendance qui peut seule garantir les intérêts qui leur sont confiés.

C'est une limite posée à la puissance du juge, mais cette limite, ce n'est pas la loi, c'est la nature même des choses qui l'a faite.

Les médecins, chirurgiens, sages-femmes, etc., ont la faculté de ne pas déposer sur les faits dont ils ont eu connaissance dans l'exercice de leurs professions; il ne faut pas, en effet, qu'une personne malade ou blessée soit privée du secours. d'un homme de l'art, par la crainte que les soins qu'elle a reçus et par conséquent la maladie ou la blessure, qui peuvent être le résultat d'un délit, soient révélés à la justice.

Cette règle n'a pas toujours prévalue : un édit de 1666, renouvelé en 1780 et 1788, ordonnait aux chirurgiens et médecins de déclarer à la police le nom des personnes qu'ils avaient soignées pour des blessures. Un arrêté de police de 1816 avait tenté de rétablir cette disposition ; mais ces règlements n'existent plus ; l'article 378 du Code pénal en a fait justice. Cette dispense de témoigner accordée aux médecins, etc., n'est pas absolue ; ils ne sont pas exemptés de cette obligation à cause de leur profession ; aucune profession ne dispense de ce devoir, mais les personnes, qui ont reçu dans l'exercice de ces professions et sous le sceau du secret qui leur est spécial, un renseignement qui serait utile à la justice, sont dispensés d'en donner témoignage. Il suffit donc pour que le médecin ne soit pas obligé de donner au juge les renseignements qui ont pu lui parvenir, qu'il en ait eu connaissance dans l'exercice de ses fonctions. Tout ce que nous avons dit du médecin doit s'appliquer au prêtre à raison des choses qui lui ont pu être confiées en confession.

Cette doctrine n'est contestée par personne et la jurisprudence de la Cour de cassation l'a consacrée dans plusieurs arrêts (1).

Une question a été soulevée à propos de la dispense du prêtre. On s'est demandé s'il y avait pour lui exemption de déposer à propos d'un fait, qui sans lui avoir été révélé dans le secret de la confession, lui aurait été confié sous le sceau du secret. Il va d'abord sans dire que lorsqu'un ministre de la Religion arrive, en tant que particulier et en dehors de toute attribution sacerdotale, à la connaissance d'un fait intéressant la justice, il ne pourrait exciper de sa qualité de prêtre pour échapper à l'obligation du témoignage. Nous avons vu d'un autre côté que si ce fait lui avait été révélé en confession, il serait dispensé de déposer; mais entre le particulier et le confesseur, il y a encore chez le prêtre, le conseiller auquel ont souvent recours les âmes tourmentées de remords. Les secrets, parvenus à la connaissance du prêtre en dehors de la confession, font-ils exception aux règles de droit commun? La question a soulevé de longues discussions dans lesquelles nous n'entrerons pas (2). Notre opinion est que le prêtre doit être dispensé de porter un témoignage

---

(1) V. Arr. cassat., 30 nov. 1810, 3 P., t. VIII, p. 668.
- (2) V. Faustin Hélie, *op. cit*, t. IV, n° 1851.

sur tous les faits dont il a pu acquérir la connaissance en tant que ministre du culte ; et que par conséquent, les faits dont nous parlons occasionneraient pour lui une dispense de déposition.

Les avocats et les avoués sont placés sur la même ligne que le prêtre : ils reçoivent, en quelque sorte, comme lui, les confessions des parties ; ils doivent à ces confessions un secret non moins inviolable ; ils doivent donc être dispensés de les révéler au juge. Cette dispense de témoignage était reconnue par la loi romaine (1). Notre ancienne jurisprudence, après quelque résistance du Parlement de Paris, l'avait également reconnue (2) ; ce principe a été soigneusement maintenu par notre jurisprudence. La Cour de cassation, par arrêt du 20 janvier 1826, a jugé : « qu'un avocat qui a reçu des révélations qui lui ont été faites à raison de ses fonctions ne pourrait, sans violer les devoirs spéciaux de sa profession et la foi due à ses clients, déposer de ce qu'il aurait appris de cette manière. »

La situation est la même pour les avocats et les avoués que pour les prêtres, au point de vue des faits dont ils ont eu connaissance en dehors du secret de leur profession ; pour ces faits, ils sont tenus à en témoigner, et ils en doivent compte à la Justice.

On a toujours discuté pour savoir si les notaires devaient être au même titre que les avocats et les avoués dispensés de témoigner devant l'instructeur ;

______

(1) L. 25. D. *de testibus,*
(2) Jousse, t. II, p. 102. — Bornier, t. II, p. 74, etc.

cette question est encore actuellement. l'objet de nombreuses controverses. Selon nous, les fonctions du notaire ne sauraient être comparées à celles de l'avocat et de l'avoué. Ces derniers, en effet, ont en mains et sont chargés directement des intérêts du défendeur ; révéler les faits qu'ils ont pu connaître à raison de leur ministère, serait violer ouvertement le droit de la défense, le plus sacré de tous. Le notaire, au contraire, dans tous les actes qu'il dresse pour les parties, ne fait que se conformer à la volonté de ces parties et ne fait que recouvrir de son authenticité les conventions qu'elles lui proposent. Il n'y a pas ici de secret professionnel à proprement parler, et c'est ce qui explique la jurisprudence partielle condamnant les notaires qui refusent sous ce prétexte de déposer en justice.

On ne saurait accorder la même protection aux notaires dont les fonctions ont pour objet la rédaction des actes, en dehors de tout litige par devant les tribunaux, et aux communications faites à l'avocat et qui sont relatives au fond même du procès, à la défense d'un prévenu. Il faut, néanmoins, reconnaître que si la partie avait fait à son notaire une confidence sous le sceau du secret, le juge d'instruction devrait équitablement accepter l'excuse qui lui serait présentée dans ce cas par le notaire ou le client intéressé.

Une règle générale s'applique à toutes les personnes qui, dépositaires par état des secrets qu'on leur confie, peuvent demander dans certains cas d'être dispensées de témoigner ; cette règle, c'est que la dispense qu'on peut leur accorder les oblige cependant à comparaître devant le juge. La citation impose deux obligations à la personne qui la reçoit : celle de comparaître et celle de déposer. La profession du témoin, le devoir qu'il a contracté, lorsque les faits sur lesquels il est interpellé lui ont été confiés, peuvent créer une dispense de témoignage ; ils ne peuvent, dans aucun cas, l'exempter de se rendre à la citation et d'obéir à l'ordre de la Justice.

SECTION III. — DE L'AUDITION DES TÉMOINS. — .FORMES ET RÈGLES QUI LA DIRIGENT.

Les témoins doivent être entendus par le juge d'instructon séparément et en dehors de la présence du prévenu. Nous avons déjà examiné les conséquences de cette mesure rigoureuse que notre Code a puisé dans l'ancienne législation. M. Bérenger de la Drôme, appréciant en 1818 l'allure générale de notre instruction préparatoire, disait : « La chose qui frappe le plus dans notre Code, c'est le peu d'égards que le.législateur y montre pour la liberté et les droits des citoyens ; la loi a tout fait pour organiser le despotisme judiciaire. Rien ne peut garantir les citoyens contre ses funestes effets. » Cette imperfection de notre Code appelait une réforme non seulement au point de vue de l'interrogatoire des témoins, mais d'une façon générale au point de vue des droits de la défense qu'il sacrifiait complètement. Au mois d'octobre 1878 une commission extraparlementaire, réunie sur l'initiative de M. Dufaure présenta un premier projet de réforme. Ce projet que M. Esmein a analysé très complètement, dans son « *Histoire de la Procédure Criminelle* (1) », peut se résumer dans ce jugement de M. Laborde : « L'idée générale est de relever les droits de la défense, complétement sacrifiés par le Code d'instruction criminelle, rendre l'instruction contradictoire sans nuire au secret qui est nécessaire à la recherche des preuves ; permettre à la défense de la suivre pas à pas, de requérir des actes d'instruction, de contrôler des expertises, d'exercer en un mot une surveillance qui, d'après le Code d'instruction criminelle, est le privilège exclusif du ministère public ; créer un tribunal indépendant du juge d'instruction pour vider les conflits qui peuvent s'élever entre le magistrat et les parties en cause, et pour cela, rétablir avec des attributions plus étendues, la Chambre du Conseil ; prémunir enfin l'inculpé en détention préventive contre l'abus de cette mesure : tel est à grands traits le programme que des esprits libéraux avaient conçu et que le projet du gouvernement a formulé (2). » Ce projet ne fut pas voté mais son idée libérale aboutit finalement à la loi du 8 décembre 1897.

Cette loi, qui a mis au point de vue de l'interrogatoire de l'inculpé et de la détention préventive, l'instruction préparatoire plus en rapport avec nos principes et nos mœurs, n'a pas rendu l'instruction contradictoire comme le souhaitait le premier projet du gouvernement. Elle n'a pas touché l'audition des

(1) Esmein, *Histoire de la Procédure criminelle*, p. 582 suiv.
(2) Laborde, *Cours élémentaire de droit criminel*, p. 432, n° 744.

témoins sur ce point ; elle aurait dû modifier notre
Code et donner au prévenu, non seulement la faculté
d'assister à l'interrogatoire des témoins, en personne
et avec l'aide de son conseil, mais encore celle de leur
répondre par son conseil, et de leur poser des objections. La nouvelle loi aurait dû introduire la contradiction dans cette partie de l'instruction.

L'instruction toute entière n'est faite que pour jeter
sur le fait incriminé la lumière de la vérité ; en
admettant l'information contradictoire, le juge eut
assisté impassible au choc de l'attaque et de la défense,
qui l'aurait éclairé dans son rôle difficile ; tandis que
livré à lui-même quelque soient son habileté et sa
perfection, il dirige l'information d'après ses propres
desseins, et inconsciemment devient partial et injuste.

L'instructeur interroge les témoins hors la présence
de l'accusé et de toute personne : la partie civile, le
ministère public eux-mêmes n'ont pas le droit d'assister
à l'information ; le greffier seul y assiste ; c'est le
complément, la plume du juge : il est « comme le
témoin de ce que fait le juge, et ils ne peuvent rien
faire l'un sans l'autre. » Les témoins doivent prêter
serment de dire la vérité avant que le juge reçoive
leurs dépositions.

Quant à l'audition des témoins, le juge est tout
puissant pour la provoquer et la recueillir. La doctrine
pose en principe que les témoins ne doivent pas être
interrogés par le juge. Celui-ci doit leur laisser
raconter ce qu'ils ont vu et entendu, prendre note de
leurs dépositions, mais non les diriger par ses ques-

tions. Cette théorie très sage, qui a pour but de retenir le témoin que le juge voudrait mener par d'habiles questions sur le terrain où il veut le placer, est fondée sur cette observation que la déposition suppose un récit tout spontané, fait par le témoin dans les termes où il l'a conçu et voulu le faire.

Mais en pratique, les questions, posées par le juge et que l'on veut proscrire de l'interrogatoire, sont utiles et nécessaires pour permettre au témoin de se souvenir et de compléter sa déposition, lui rappeler les points importants sur lesquels elle doit porter. Mais s'il doit lui venir en aide, lui rappeler les faits qu'il semble oublier ; s'il doit lui mettre sous les yeux le cercle de son investigation, il ne doit pas par ses interrogations lui imposer telle ou telle réponse, enchaîner plus ou moins sa liberté et l'amener contre son gré à donner à sa déclaration une portée qu'elle n'avait pas. En un mot, le juge doit rappeler au témoin qu'il doit à la Justice toute la vérité et qu'il doit dire tout ce qu'il sait. Il doit l'interpeller sur les circonstances qu'il omet, sur le sens qu'il prétend donner à telle expression, sur la certitude qu'il croit posséder de la vérité de tel fait, mais il ne doit pas par ses questions pousser l'interrogatoire sur le terrain qui lui plaît, et le faire dévier par son habileté du côté où il veut le mener.

Une seconde règle qui n'est peut-être que le corollaire de la première, c'est que le juge d'instruction doit avoir soin de maintenir à chaque témoignage son caractère propre et son originalité. C'est la plus grande difficulté de l'examen. Le juge, porté à faire des obser-

vations au témoin chancelant qui tergiverse, doit cepen_
dant se garder de rien lui suggérer, de l'intimider
ou de le séduire pour l'engager à répondre.

Il est rare que des juges consentent à employer
l'Intimidation ou la séduction vis-à-vis d'un témoin,
mais plusieurs croient pouvoir, en vue d'obtenir la révé-
lation de la vérité, employer des questions captieuses
ou suggestives. Ces moyens doivent être hautement
blâmés, car ils tendent à corrompre la pureté des témoignages et à donner par conséquent aux décisions judiciaires une base mensongère. Les questions suggestives
sont dangereuses, car certains témoins par timidité ou
embarras, d'autres par légéreté d'esprit ou pour être
plus rapidement congédiés, y répondent d'une façon
affirmative. D'autres ont presque oublié les faits, ou
bien s'imaginant que le juge, au fait de la procédure,
sait parfaitement tout ce qui s'est passé, répondent affir-
mativement à toutes ses questions; ils affirment pour
sortir d'embarras et jettent ainsi le juge sur une fausse
voie. Les questions captieuses et subtiles sont tout aussi
dangereuses : elles trompent le témoin qui, n'étant plus
placé dans la réalité des faits, affirme souvent pour se
rendre intéressant des choses contraires à la vérité.
Ce sont ces inconvénients qu'il faut surtout s'attacher
à écarter.

Ainsi, point d'influences, point de contrainte, point
de pièges habilement tendus. L'examen des témoins
fait avec une simplicité, qui n'exclut ni la sagacité ni la
clairvoyance, doit tendre sans cesse à maintenir aux
déclarations de chaque témoin leur sens vrai et naturel,

sans chercher à leur faire dire plus ou autrement qu'ils ne disent, ou à les faire tomber dans des assertions qu'ils ne comprennent pas d'abord et n'osent plus rétracter.

Le juge peut confronter les témoins qui se contredisent, et tenir compte de leurs contradictions s'il ne peut arriver d'aucune manière à discerner ceux qui disent vrai et ceux qui disent faux, volontairement ou non. Telles sont les règles auxquelles doit se conformer le juge d'instruction dans l'information ou l'audition des témoins ; il est regrettable que la loi de 1897, qui d'après certains de ses promoteurs devait apporter à notre Code une réforme générale, n'ait pas touché à l'information et ne l'ait pas rendue contradictoire. Si l'inculpé était admis à une sorte de confrontation générale avec tous les témoins, l'avantage que l'instructeur retire de la confrontation des témoins entre eux, serait ici bien plus considérable et bien plus profitable.

Voyons maintenant les formes de l'audition des témoins. L'information toute entière doit être consignée dans un procès-verbal, qui sera en somme la seule manifestation des témoignages recueillis par l'instructeur. Ce procès-verbal doit être la reproduction exacte des témoignages, de la déclaration du témoin. Le plus souvent, cette déclaration, quelque soit l'âge et l'éducation du témoin, est consignée dans un style épuré, comme si les erreurs de langage et les fautes qu'il peut commettre devaient lui être imputées. C'est une erreur regrettable ; le procès-verbal devrait rendre exactement les paroles du témoin ; d'ailleurs lecture est faite au témoin de sa déclaration ; il peut la faire rectifier s'il le juge bon. La minutieuse exactitude des procès-verbaux doit révéler jusqu'à la fermeté ou l'hésitation des témoignages. Si par un artifice de style, l'accent pouvait passer dans la rédaction des paroles, cela ne serait que mieux ; car les écritures ont toujours quelque chose de mort et d'incomplet qui fait que la vérité n'est entière et complète qu'aux débats.

Quelques magistrats ont cru que leur obligation se bornait à rendre fidèlement le sens des déclarations, qu'il leur était permis d'enlever les incorrections de langage et de polir une naïveté quelquefois grossière ; ils pensaient que des procès-verbaux rédigés avec soin et élégance attiraient et fixaient mieux l'attention ; c'est une erreur. Chacun doit parler son langage. Quand on corrige, on résume, on affaiblit ; souvent la vérité jaillit d'une expression vulgaire, et il y a parfois dans une parole brusque, que la correction condamne une expression qui persuade. Les témoins, les inculpés ont le droit et le devoir d'être eux-mêmes. L'instruction doit être un miroir où se réfléchit la vérité ; c'est un devoir qui demande pour être accompli plus de talent que n'en exigerait une rédaction savante et concise.

Le juge pour conserver aux dépositions toute leur vérité doit se garder de former aucune opinion sur la culpabilité ou l'innocence du prévenu : une opinion formée à l'avance se reflète même à son insu sur tous les actes de la procédure ; la plus entière impassibilité est nécessaire pour rédiger un procès-verbal qui doit, comme un miroir, reproduire tous les faits sans les augmenter ni les diminuer en quoi que ce soit. Le juge doit pareillement et pour garder toutes entières les dépositions des témoins les faire parler dans son procès-verbal à la troisième personne.

Le procès-verbal doit aussi relater les circonstances dans lesquelles le témoignage a été donné : par exemple s'il a été provoqué par une question du juge, s'il a été donné spontanément ; toutes choses qui ont une importance considérable au point de vue de la véracité à attacher à ces dépositions. Le procès-verbal est rédigé pendant l'audition et en présence des témoins par le greffier ; c'est le juge qui lui en donne la forme. La rédaction ainsi faite, est lue aux témoins après chaque déposition par le greffier ; le juge demande au témoin s'il persiste dans ses déclarations, s'il désire y ajouter ou y retrancher, Chaque déposition est alors signée du juge, du greffier et du témoin ; cette triple signature est destinée à garantir la vérité de la déposition. Si le témoin ne peut ou ne veut signer, mention en est faite au procès-verbal. Toutes ces formalités doivent être exécutées sous peine d'une amende de 50 francs pour le greffier, et même s'il y a lieu, de prise à partie contre le juge d'instruction qui est responsable de leur inobservation. Nous terminerons l'étude que nous avons faite de l'information en parlant des commissions rogatoires qui en sont le complément.

SECTION IV. — DES COMMISSIONS ROGATOIRES

Lorsque les témoins nécessaires à l'instruction préparatoire résident sur un territoire éloigné et que la question de transport par suite de la trop longue distance doit être écartée, le juge d'instruction peut néanmoins recueillir les témoignages qui lui paraissent nécessaires par le moyen des commissions rogatoires.

Ces commissions sont des délégations envoyées par l'instructeur à un juge de paix pour interroger des personnes qui ont été témoins d'un fait soumis à l'instruction. Le principe que le juge doit s'occuper seul de l'instruction a toujours été reconnu ; « on peut regarder comme une règle générale, dit Jousse, que les délégations n'ont pas lieu en matière criminelle, même en matière d'information » (1). En effet, le principe de l'instruction préparatoire, c'est que le juge doit la concentrer toute entière entre ses mains, et procéder personnellement à tous ses actes, mais la nécessité des faits oblige spécialement en matière d'information à de nombreuses délégations.

Nos anciens légistes admettaient la délégation de l'information, mais comme une exception. Le juge qui ne pouvait pour quelque raison se déplacer envoyait la partie plaignante relever les dépositions avec un agent public ou un notaire. Il faut aussi mentionner un

(1) Jousse, op. cit. t. III, p. 150.

moyen d'instruction tout à fait spécial, habituellement réservé pour les crimes de lèse majesté, de sacrilège et d'hérésie. C'était ce que l'on appelait des *monitoires*. L'usage en avait été introduit par l'Eglise, et il porte bien sa manière de procéder dans la recherche du coupable. Le monitoire devait être ordonné ou au moins autorisé par l'officialité du diocèse. Il consistait dans un avertissement donné en chaire à la messe paroissiale, par chaque curé, à tous les assistants de venir lui communiquer ce qu'ils savaient du crime commis, lequel était spécifié dans le libellé du monitoire, mais sans mention de la personne qui pouvait être l'objet de soupçons. Le curé transmettait ensuite, sous son sceau, au juge enquêteur, les renseignements ainsi obtenus.

En principe, notre Code n'admet pas la délégation en matière criminelle. Ainsi, quand le témoin ne peut se présenter par suite de maladie devant le juge d'instruction, c'est lui qui doit se rendre auprès de lui. Mais, dans le cas où le déplacement serait trop considérable, comme dépenses et comme perte de temps, il a fallu admettre la commission rogatoire ou délégation faite à un juge de paix pour interroger des témoins dans le ressort de sa juridiction.

Cette commission peut être donnée par l'instructeur dans des cas fort divers, suivant la procédure qu'il traite. Dans le cas d'éloignement qui est le seul que nous ayons examiné, la commission est de nécessité naturelle, le juge qui instruit saisit le juge d'instruction ou celui qui en tient lieu dans le ressort où résident les témoins qu'il veut faire interroger. Dans cette hypothèse, le juge saisi ne peut procéder soit aux perquisitions, soit aux interrogatoires, puisque ces actes ont lieu en dehors de son ressort et que, sauf le cas exceptionnel prévu par l'article 464 de notre Code, sa compétence expire aux limites de l'arrondissement dans lequel il exerce ses fonctions. La délégation de ces actes est donc une mesure nécessaire de l'instruction ; mais elle n'a plus ce caractère lorsqu'elle s'applique à des actes qui doivent être exécutés dans le ressort même du juge saisi, car elle n'est plus nécessaire : elles devient alors purement facultative. C'est pour éviter un déplacement personnel, ou pour épargner à des témoins un voyage onéreux, qu'il a recours à cette délégation de sa fonction. C'est une facilité que la loi a mise à sa disposition, un moyen d'abréger les lenteurs de l'instruction et d'en réunir plus promptement tous les éléments. Aussi faut-il décider que l'article 83 de notre Code ne doit pas être strictement renfermé dans ses termes, et que la délégation doit être permise au juge pour tous les actes où elle pourrait lui être utile.

La jurisprudence et la doctrine donnent généralement à l'instructeur le droit de déléguer tous les actes qui ont pour objet une constatation ou un interrogatoire, mais elles lui refusent le droit de déléguer à un autre les actes qui ordonnent l'emploi d'un moyen de contrainte, qui opèrent la lésion actuelle d'un droit, qui causent un grief immédiat aux parties. C'est pourquoi nous avons été conduit à penser que le droit de procéder à une visite domiciliaire ne peut être délégué (1).

La loi exige deux conditions pour que la délégation soit possible. Elle veut d'abord que le témoin ne puisse se transporter devant le juge, et cette impossibilité doit être garantie par un certificat médical. De plus, elle exige que le témoin indisponible habite dans un autre canton que celui où le juge exerce sa juridiction ; dans le cas contraire, le juge doit se transporter lui-même au domicile du témoin pour l'interroger. En dehors de ces deux conditions, la délégation est encore facultative pour le juge ; il n'y est tenu en aucune façon ; il y a ici, comme dans l'instruction en général, un pouvoir complet et illimité qui se justifie parfaitement dans le cas qui nous occupe. Nul mieux que lui ne peut juger si ses fonctions ou l'importance relative des témoignages qu'il convoite, lui permettent de remettre à un autre le soin de les recueillir, et il serait fâcheux que le législateur mette des entraves à une liberté dont le seul juge doit pouvoir apprécier l'étendue. A lui aussi de décider si la valeur des renseignements qu'il doit recevoir est suffisante pour distraire les témoins de leurs occupations, en les forçant à quitter leurs habitudes pour un temps parfois considérable. La délégation est donnée au juge d'instruction du lieu où les recherches doivent être faites ; nous savons, en effet, que lui seul a le droit d'entrer dans le domicile des citoyens pour y procéder à des perqui-

____

(1) V. Supra. *La visite domiciliaire.*

sitions. La délégation des expertises et saisies se trouve par conséquent nécessaire, quand elles doivent avoir lieu dans un arrondissement autre que celui du juge instructeur, sauf le cas de l'article 464 qui concerne le crime de fausse monnaie, etc.

Les règles de la commission rogatoire sont trop connues pour que nous nous y attardions. Quand une commission doit être envoyée à l'étranger, le juge déléguant la transmet au Garde des sceaux qui la fait parvenir ; aucune relation directe ne doit exister entre les juges français et étrangers. Le fait d'agir sur la commission rogatoire est une obligation pour le juge délégué ; son refus pourrait donner lieu à un règlement de juges. Le fait de procéder aux opérations indiquées dans la commission est en effet un devoir professionnel auquel le magistrat délégué doit toujours se soumettre.

Après l'interrogatoire des témoins par le juge d'instruction, l'une des principales preuves qui peuvent le mettre sur la trace du coupable sont les écrits qu'il peut posséder, et enfin l'interrogatoire de l'inculpé et les confrontations. Le juge peut aussi tirer bon parti des expertises médicales ou autres.

Nous allons examiner successivement ces différents moyens.

CHAPITRE TROISIÈME

DE LA PREUVE LITTÉRALE

SECTION I. — NATURE ET ORIGINE

Dans les perquisitions qui ont suivi ou accompagné la constatation du délit, le juge instructeur peut avoir saisi des papiers et des lettres dont le contenu renferme des preuves de culpabilité ou des renseignements concernant l'inculpé. Ces preuves écrites peuvent être à charge ou à décharge, et dans les deux cas, le juge devra non seulement s'en emparer, mais s'en servir de manière à donner à l'instruction une issue favorable ou non à l'inculpé.

Cette preuve littérale était admise en droit romain, où elle était assimilée à la preuve par témoins ; en matière criminelle notamment, on devait attacher autant de croyance aux écrits qu'aux dépositions des témoins (1). Après avoir prescrit aux accusateurs de fonder leur poursuite sur des témoins non reprochables : « munita sit idoneis testibus », la loi ajoute, ou sur les titres les plus clairs : « vel instructa apertissimis

---

(1) Constantius. L. 15. Code. Eamdem vim obtinent fides instrumentum quam depositiones testium.

documentis (1). » On trouve encore la trace de la preuve littérale dans une autre loi du Code, qui permet l'appel aux condamnés qui n'ont pas avoué, quoique la sentence fut fondée sur des témoignages ou des preuves écrites (2).

Notre ancienne jurisprudence criminelle n'admettait généralement pas la preuve littérale. Le système de l'instruction à cette époque consistait uniquement à faire avouer l'inculpé. On lui arrachait une confession par violence ou par habileté, on recueillait même les accusations qu'il portait contre lui-même au milieu des tourments de la torture. On recevait aussi les témoignages que l'on trouvait contre l'inculpé, mais on voit rarement employer la preuve littérale. La preuve par témoins elle-même fut à l'origine soumise à de nombreuses formes, qui en garantissaient l'application. Plus tard, cet esprit de défiance disparut, et les ordonnances de 1539 et 1670, en ajoutant une foi plus considérable aux dépositions des témoins, diminuent et simplifient les formalités requises de ces témoins et augmentent d'autre part les difficultés de la récusation et de la défense. Cette marche ascendante vers l'extension des preuves se remarque pareillement à propos de la preuve littérale.

Très discutée et même repoussée au début par la jurisprudence criminelle, cette preuve s'établit peu à peu et fut ensuite reconnue par les Ordonnances. Julius Clarus et Farinacius, deux de nos anciens juristes,

(1) Gratien, Valentin, L. 15. C. *De probatione.*
(2) Constantius, I. 2. Code.

soutenaient que les crimes ne pouvaient se prouver que par témoins, que le témoignage des actes est en effet muet, que le juge est obligé de le prendre tel qu'il est, en lui appliquant sa propre interprétation, tandis que le témoin rend raison de ce qu'il dit, explique sa déposition et répond aux questions qui lui sont adressées (1). D'autres répondaient que rien ne peut s'opposer à la production de ces actes, qu'au contraire il sont préfé·rables aux témoins en ce que ceux-ci sont sujets à se laisser corrompre, tandis qu'un texte écrit est irréfutable (2). Certains même considéraient cette preuve comme supérieure à toutes les autres comme portant l'évidence en elle-même : « *Instrumenta dicuntur probatio probata* (3). »

L'ordonnance de 1670 prescrivait formellement l'application de la preuve littérale : l'article 5 du titre XXV portait que : « les procès criminels pourront être instruits et jugés encore qu'il n'y ait pas d'information, si d'ailleurs il y a preuve suffisante par les interrogatoires et par pièces authentiques ou reconnues par l'accusé. » Malgré cette règle générale, l'emploi de cette preuve était restreinte, soit aux cas où le délit était renfermé dans l'écrit lui-même comme en matière de libellé diffamatoire ou de contrat usuraire, soit aux cas où le délit était de nature à être établi par ce moyen comme en matière de faux, de complot, de parjure et d'hérésie (4). Dans la première hypothèse, l'examen de

(1) J. Clarus. *Quoest.* 54 n° 1.
(2) Mathoeus, *De criminibus,* tit, XV. *De probationibus*, cap. 5.
(3) Dernsperger. *De probationibus*, cap. 5, *proemium.*
(4) Jousse, *op. cit.*, t. I, p. 740.

la pièce pouvait suffire pour asseoir une condamnation ; dans la seconde, l'écrit ne faisait pas preuve entière, il ne constituait point un témoignage suffisant.

SECTION II. — FORCE ATTACHÉE AUX PIÈCES ÉCRITES.

Dans notre législation moderne, les écrits sont comme les témoignages, un moyen de preuve que le juge apprécie sans être lié par eux. Ils sont produits, comme les témoins eux-mêmes, dans le débat ; ils sont examinés et discutés par les parties. A l'instruction, le juge s'en sert pour se former une conviction, mais là comme aux débats, quelque soit leur caractère, quelque soit leur clarté, ils laissent la conscience du juge libre devant eux.

C'est ce qui résulte du principe général de la preuve morale, qui domine toute notre législation pénale, principe consacré par l'article 342 du Code d'instruction criminelle. L'acte authentique et l'acte privé abdiquent, au sein des débats criminels, la foi que la loi civile a attachée à leurs énonciations. Il ne font plus une preuve nécessaire des faits qui y sont relatés. Ils relèvent de l'appréciation du juge qui peut admettre ou rejeter leurs témoignages : ils n'ont en quelque sorte que la forme d'une présomption que le débat peut infirmer ou confirmer et à laquelle l'épreuve de la discussion imprime son degré de preuve.

Pour qu'un fait soit réputé vrai, il ne suffit pas que

ce fait incriminé soit constaté par un acte, authentique ou non, il faut de plus que le juge reconnaisse et proclame son existence. Un exemple frappant de cette liberté d'appréciation, c'est le suivant. Dans les accusations où l'âge de l'agent ou de la victime sont un élément atténuant ou aggravant de la faute commise et même parfois constitutif de la criminalité, cette circonstance, étant un élément du fait, doit être constatée non par la production d'un acte de l'état-civil, mais par la déclaration du juge, et cette déclaration n'est pas enchaînée par la présence de l'acte. En un mot, la foi que l'on attache ordinairement aux actes de l'état-civil, foi qui en matière ordinaire ne peut être combattue que par la procédure criminelle du faux, disparaît devant la libre appréciation du juge. Si l'instructeur criminel prend une décision contraire à un acte même public, cet acte s'effacera devant la décision du juge.

Il en est de même toutes les fois que la qualité d'un accusé est un élément d'aggravation ; cette qualité doit être déclarée par le juge, lors même qu'elle est constatée par des actes produits dans le procès ; la loi ne rejette point ces actes comme moyen de preuve, mais elle n'y attache aucune force probante déterminée, aucun effet légal. Elle ne rejette pas les preuves écrites, mais elle ne leur reconnaît aucune certitude nécessaire ; l'instructeur, comme aussi le juge du fond, peut y puiser des éléments de sa conviction personnelle, mais il peut les écarter, il peut n'y voir aucune preuve.

Une difficulté s'était élevée à propos de l'usage qu'un instructeur peut faire des lettres missives envoyées par l'inculpé, ou à lui adressées. Cette discussion, que nous avons examinée à propos de la saisie des lettres, a été cloturée par des arrêts de la Cour de cassation dont la jurisprudence est constante à cet égard. Cette jurisprudence décide que les lettres, tant qu'elles conservent leur caractère confidentiel, c'est à-dire tant qu'elles n'ont pas été légalement mises sous la main de la Justice, ne peuvent devenir un élément de la preuve. Le juge doit respecter le secret sous le sceau duquel elles ont été écrites, comme il respecte la confidence faite au prêtre, à l'avocat ou au médecin ; il doit les écarter de l'instruction parce qu'il ne pourrait en faire la base d'un jugement, sans consacrer la violation d'un dépôt et sans approuver les moyens employés pour les lui livrer, sans s'associer à leur immoralité ou à leur illégalité.

Mais lorsque les lettres ont été régulièrement saisies, par exemple lorsqu'elles ont été trouvées par le juge d'instruction dans une perquisition faite au domicile du prévenu, on ne doit pas les rejeter de l'instruction par cela seul qu'elles ont le caractère de lettres missives et qu'elles ont été écrites confidentiellement. Les lettres doivent être rejetées de la procédure, non parce qu'elles sont des lettres, mais parce qu'elles étaient placées à ce titre sous la foi du secret et parce que la protection légale qui les environne ne peut être méconnue ni violée par la Justice ; mais lorsqu'elles ont été ouvertes soit par le destinataire, soit par le juge dans les cas où la loi lui en donne le pouvoir, elles perdent leur caractère de lettres et deviennent de simples pièces écrites dont l'instruction peut se servir.

Mais l'appréciation que l'instructeur doit faire de ces lettres est elle-même d'une grande difficulté. Les lettres ne sont, en effet, qu'une conversation écrite et n'expriment, en général, que des impressions fugitives, instantanées, quelquefois mensongères ; la pensée s'y abandonne à toutes ses fantaisies et, dans ces épanchements de l'esprit, ce n'est pas la vérité qu'il faut chercher, ce sont les désirs qui le charment, les faits qu'il transforme suivant le caprice du moment.

Ce n'est donc qu'avec une extrême défiance que les lettres doivent être consultées, même après une jonction régulière au dossier. C'est en tenant compte du moment où elles ont écrites, de la nature particulière de ces écrits tracés à la hâte et avec légèreté, de leur caractère confidentiel qui permettait d'y jeter toutes sortes de pensées irréfléchies, que le juge doit les compulser et en faire une sorte de condensation. En admettant ces précautions que le juge doit prendre, pour apprécier un élément presqu'aussi léger qu'une conversation, en exigeant du juge une grande prudence dans l'appréciation, il faut pourtant refuser de le priver d'indices qui peuvent lui manifester la vérité.

Il y a plusieurs exceptions au principe général, qui soumet en matière criminelle tous les écrits à la libre appréciation du juge, sans le lier par leurs constatations et qui les abandonne comme des éléments de la preuve, sans y attacher une preuve nécessaire En règle générale, les procès-verbaux qui servent de base à l'action, n'ont aucune force probante par eux-mêmes

en matière criminelle. Mais en matière correctionnelle
et de simple police, ils constituent l'une des preuves
ordinairement produites à l'appui des poursuites (1) ;
même dans ce cas, ils peuvent être combattus par des
preuves contraires écrites ou testimoniales (2). D'où il
suit que la loi attache à ces actes une présomption de
vérité et qu'ils constituent une véritable preuve légale
qui, tant qu'elle n'est pas attaquée et détruite par une
autre preuve, est une base suffisante du jugement et lie
le juge qui ne peut la rejeter ni s'en écarter.

Les exceptions à ces règles sont relatives soit à la
preuve de certains délits spéciaux, soit à la preuve des
formes et solennités de la procédure. Ainsi, en matière
de contributions indirectes, de douanes, de garantie
des ouvrages d'or et d'argent et de vérification des
poids et mesures, le procès-verbal de la contravention
est la base de la poursuite, le titre de l'action ; s'il
n'existe pas ou s'il est nul, aucun procès n'est possible.
De même pour l'adultère, en dehors du constat de
flagrant délit, les seules preuves admises contre le
complice sont les lettres ou écrits émanant du prévenu.

Si les actes produits dans une instruction criminelle
n'ont aucune force probante par eux-mêmes, en ce qui
concerne la culpabilité de l'inculpé, il n'en est pas de
même si ces actes produits n'ont pas pour objet direct
de prouver la criminalité du fait ou la culpabilité de
l'agent. En effet, si la conviction de l'instructeur ne
doit pas être enchaînée par la teneur des actes, s'il y

(1) Article 189, C. inst. crim.
(2) Article 154, C. inst. crim.

a lieu de subordonner cette preuve légale à la preuve morale qui résulte de la libre appréciation de tous les éléments du procès, ce n'est pas une raison de dénier aux actes leur propre valeur, dès qu'ils ne sont plus appliqués à établir un fait moral. Il faut donc décider que les actes authentiques ou privés ont au criminel la même foi qu'au civil et produisent les mêmes effets, toutes les fois qu'ils n'ont pas une relation immédiate avec le fait et ses circonstances, et qu'ils ne tendent pas à en faire la preuve ; que tous les actes qui ont pour objet de constater les formes ou les décisions de la procédure criminelle, tels que les actes des huissiers, les procès-verbaux des greffiers, les déclarations des juges, ont l'autorité que la loi a attachée aux écritures émanées de ces officiers, et font foi des faits qui y sont énoncés.

En matière correctionnelle, les procès-verbaux qui constatent le délit commis, ont une force probante du fait qu'elles énoncent, qui varie avec le délit et avec l'agent ou l'officier auteur du procès-verbal. Certains de ces actes font preuve jusqu'à inscription de faux, d'autres jusqu'à preuve contraire, d'autres enfin ne sont pour le juge que de simples renseignements.

SECTION III. — DES PIÈCES DE COMPARAISON

Lorsque dans une instruction, des écrits sont produits comme pièces de conviction, émanant du prévenu lui-même, ces écrits doivent être représentés au prévenu qui est interpellé et sommé de répondre s'il les reconnaît. S'il les dénie, il y a lieu de procéder à une expertise d'écritures.

Les règles de cette vérification diffèrent complètement de celles dont on entoure la vérification d'écritures en procédure civile. Nous n'examinerons pas cette procédure ; il suffit à notre sujet, de savoir que le juge d'instruction a le droit d'ordonner à tout dépositaire public ou privé d'un écrit argué de faux, de remettre cette pièce entre ses mains ; la sanction de ce droit consiste dans la contrainte par privation de liberté. Le juge instructeur, détenteur au moyen de ce pouvoir de la pièce arguée de faux, doit comme première mesure ordonner sa vérification. Cette vérification ne peut avoir lieu ordinairement en l'absence de pièces de comparaison. Le juge peut se procurer ces pièces en les exigeant de ceux qui en ont le dépôt ; l'ordonnance du juge d'instruction suffit à les y forcer, même lorsque ces pièces sont des actes publics ; dans ce cas, on donne au dépositaire une copie collationnée de l'acte, et l'ordonnance du juge ainsi que l'acte de dépôt leur servent de décharge. Les pièces de comparaison, détenues par des particuliers, ne peuvent être exigées immédiatement par le juge ; mais si, après une comparution devant l'instructeur auquel ils exposent les motifs de leur refus, ce dernier leur ordonne de remettre ces pièces, ils sont obligés de le faire et pourraient y être contraints par corps comme dans le cas de l'article 452.

En terminant cette étude sommaire de la preuve littérale et de son rôle dans l'instruction préparatoire, nous parlerons d'une écriture privée toute spéciale ; celle que le juge peut demander aux parties. En effet, l'instructeur à défaut de pièces de comparaison, ou pour s'en procurer plus rapidement, peut exiger que l'inculpé produise et forme un corps d'écriture ; au cas de refus ou de silence, le procès-verbal en fait mention (1). Ce moyen de preuve, mis entre les mains du juge, nous semble peu sûr et bien cruel. Il nous semble cruel, parce qu'en présence du juge qui s'entoure pour intimider l'inculpé de tout l'appareil qu'il peut déployer, le prévenu suffisamment terrifié par sa seule comparution et se voyant déjà coupable, refusera souvent d'écrire les lignes qui lui paraîtront être sa condamnation, et dans ce cas, son refus sera toujours une forte présomption de culpabilité. Il est d'ailleurs de fait, que renouvelant cette manœuvre des inquisiteurs du Moyen-Age qui consistait à dicter à l'inculpé un aveu du crime qui lui était attribué, certains juges d'instruction veulent forcer l'inculpé à proclamer sa culpabilité dans cet écrit qu'ils sont en droit d'exiger.

Les prévenus nerveux et timides y sont toujours pris, et le juge, qui assiste froidement à cette lutte de l'homme contre sa frayeur, enregistre les mouvements divers qu'il croit être la preuve d'une conscience tourmentée et qui ne sont peut-être que des marques de nervosité et de répulsion. L'instructeur note ensuite dans son procès-verbal les observations qu'il a pu faire sur le visage ou dans les paroles du prévenu, et ces

____

(1) C. I. C. art. 461.

remarques résultant d'une surprise, sont souvent la cause d'erreurs regrettables.

Nous ne saurions trop blâmer et critiquer l'emploi de semblables manœuvres, plus digne des enquêteurs de notre ancien droit que de nos magistrats ; et nous souhaitons que le législateur mette un frein à ces tendances cruelles et à ces dangereux procédés. La loi de 1897, qui donne un conseil à l'inculpé, ne la protége pas contre ces abus; le juge peut en effet profiter du premier interrogatoire, où l'inculpé est livré à lui-même, pour lui arracher ces mouvements de physionomie et de sensibilité qu'il considère comme des aveux involontaires.

Nous avons dit que ce moyen nous semblait peu sûr et en effet, si l'inculpé sait écrire, il est facile de se procurer par ailleurs des pièces de comparaison de sa propre main ; s'il est assez habile et s'il se sent coupable, il pourrait facilement contrefaire son écriture et égarer ainsi l'œuvre de la Justice. Au contraire, s'il ne sait pas écrire, c'est en vain que le juge lui demandera une pièce de sa main et souvent son incapacité sera taxée de mauvais vouloir. Dans les deux cas, le droit d'exiger une écriture de sa main nous paraît inutile ; et étant donnés l'abus que l'on a fait de ce moyen et l'intimidation nécessaire qu'il produit sur la personne de l'inculpé, nous n'hésitons pas à demander que ce moyen d'instruction, digne d'un autre âge plutôt que de notre civilisation moderne et humanitaire, soit effacé de notre procédure criminelle et tombe dans l'oubli.

Cette mesure d'instruction répugne à nos mœurs et aux tendances libérales manifestées en France depuis longtemps, elle n'est ordonnée nulle part, mais appartient au juge d'instruction en vertu de son pouvoir général. C'est un des points sur lesquels les abus se commettent le plus facilement, il serait utile qu'une décision du législateur rende impossible l'emploi d'un moyen d'instruction, funeste pour les innocents et superflu pour les coupables.

CHAPITRE QUATRIÈME

DES EXPERTISES

Section I. — de l'expertise en général

Il est évident que la simple inspection judiciaire faite par le juge, n'est pas toujours suffisante pour constater le corps du délit et les circonstances qui l'ont accompagné. Un juge, qui instruit une affaire de faux ou de viol par exemple, quelque soit son expérience en la matière, n'a pas la science suffisante pour décider dans tous les cas, s'il y a crime, s'il y a eu simple tentative, où s'il n'y a eu aucun attentat. Ces constatations exigent, en un mot, des connaissances spéciales qui manquent au juge et qu'il supplée en appelant le concours des hommes qui les possèdent. Ces hommes prennent le nom d'experts, dès qu'ils sont consultés par la Justice. Leur utilité est incontestée, non seulement pour les questions sans cesse renaissantes de la médecine légale, mais pour la vérification de mille faits, qui ne peuvent être appréciés qu'à l'aide de notions scientifiques et techniques, étrangères aux études des magistrats.

Le droit de faire procéder à des expertises appartient au juge d'instruction, non seulement en vertu des articles 43, 44 et 59 de notre Code d'instruction criminelle, mais aussi en vertu de son pouvoir général de procéder à tous les actes qui peuvent conduire à la manifestation de la vérité. Une expertise est un acte d'instruction, puisqu'elle a pour objet d'apporter un élément à la preuve du fait incriminé. Les cas où le juge est obligé d'y recourir sont nombreux : l'empoisonnement, l'homicide, les coups et blessures, le faux, le vol et une foule d'autres délits en nécessitent l'emploi. Comment le juge pourrait-il connaître avec certitude la nature et les effets des substances administrées, la cause des blessures, la fausseté des écritures, les circonstances de l'effraction ou de fausses clés, sans la vérification des experts ? Les preuves les plus certaines du viol, de l'infanticide, de l'avortement, de l'attentat à la pudeur ne résultent-elles pas de l'examen de l'homme de l'art ?

Encore se fait-il trop souvent, que les experts se trompent eux-mêmes aux apparences, et que de nombreuses expertises ne donnent aucun résultat, parce que les juges se défiant des experts n'osent se servir de leurs rapports pour échafauder leur instruction. On pourrait donner de nombreux exemples des dangers des expertises, dangers dont nous parlerons dans la suite de cet ouvrage.

L'origine de l'expertise est assez obscure et l'on ne sait vraiment à quelle époque elle fut définitivement admise par le législateur. Mais au Moyen-Age, on voit souvent intervenir dans les procès criminels des chirurgiens ou médecins, appelés par le juge pour procéder à des constatations. On voit même dans des procès de sorcellerie, des juges ordonner au «chirurgien-barbier » d'examiner l'inculpé et de produire un rapport sur les marques que l'accusé aurait pu rapporter de son commerce avec le diable (1).

Pendant longtemps on s'est demandé si les experts devaient être considérés comme des témoins ou comme des auxiliaires du juge (2). Les témoins et les experts remplissent deux fonctions distinctes qui ne doivent pas être confondues. C'est le délit qui crée les témoins ; ils reçoivent une mission forcée par suite de la circonstance qui les a placés là où le délit a été commis, où qui les a mis en rapport avec l'inculpé ; cette mission se borne à rapporter les faits qu'ils ont vus ou qui sont venus à leur connaissance. Les experts, au contraire, sont choisis par le juge ; leur mission est purement volontaire ; ils ne déposent point, comme les témoins, de faits qu'ils ont vus ou appris accidentellement ; ils apportent au juge la science et les notions spéciales qu'ils possèdent. Ils apprécient et vérifient le fait que la Justice leur a donné à contrôler et à apprécier.

Ce sont ces différences qui font que les témoins et les experts ne prêtent pas le même serment ; les témoins promettent et font serment de dire la vérité, les experts de donner leur avis en leur honneur et

---

(1) B. Warrée, *Curiosités judiciaires*, ch. XII, p. 371.
(2) Mittermaïer, *De la preuve*, p. 196.

conscience. Les témoins sont responsables de leurs
dépositions ; si elles sont mensongères, ils sont punis
pour faux témoignage. Les experts, au contraire, ne
sont responsables de leurs déclarations que dans le for
de leur conscience et ne peuvent être inquiétés pour
les erreurs qu'ils sont susceptibles de commettre ; ils
peuvent perdre la confiance du juge, mais n'encourent
aucune responsabilité. Ce qu'on leur demande, ce
n'est ni une déposition ni une affirmation à l'appui
d'un témoignage, c'est une explication, un avis
personnel. Appelés par le juge d'instruction, à raison
des notions spéciales qu'ils possèdent, ils lui apportent
les connaissances qui lui sont nécessaires pour comprendre les faits du procès.

Ils ne se bornent pas cependant à suppléer à l'insuf-
fisance des études scientifiques ou pratiques du juge,
à se faire l'instrument des inspections judiciaires, à
compléter ou faciliter les recherches de la Justice ;
employés pour éclairer ses opérations, ils lui doivent
une opinion personnelle et consciencieuse, ils lui
doivent leur art, leur science, leur expérience. Il ne
suffit pas qu'ils rendent les faits intelligibles, ils
prononcent sur ces faits un jugement motivé. Mais
leur décision n'est pas nécessairement adoptée par le
juge : la délégation, dont ils sont investis, leur confère
le pouvoir d'éclairer la décision judiciaire et non de la
former ; ils complètent les connaissances nécessaires
au jugement, mais ils ne jugent pas.

A leurs rapports s'attache nécessairement une autorité considérable, parce qu'elle émane d'hommes

instruits et compétents, parce que les éléments, puisés dans la science, échappent par le fait au contrôle des magistrats. Cependant leur opinion ne lie pas le juge, il conserve en effet le droit de l'examiner, d'en peser les motifs, d'en vérifier les conséquences et de les rejeter si elles ne lui paraissent pas fondées. Souvent dans la pratique, le juge, afin de pouvoir se référer à d'autres renseignements, nomme plusieurs experts, mais ordinairement, les experts se mettant d'accord entre eux, ne font qu'un seul et même rapport ; le juge peut leur ordonner de procéder à plusieurs rapports qu'il pourra comparer entre eux. Ce droit, le juge le possède en vertu de son pouvoir illimité ; il est le maître de l'expertise et la dirige comme il veut.

Il est regrettable qu'il en soit ainsi ; le juge serait fixé sur la valeur des rapports d'une façon plus certaine et plus impartiale, si l'expertise était contradictoire ; c'est-à-dire si l'inculpé avait le droit de produire lui aussi des experts, qui entreraient en conflit avec ceux de l'instruction. Le juge pourrait savoir plus facilement les contradictions et en tirer profit pour la découverte de la vérité. Nous reviendrons bientôt sur ce projet pour en montrer la nécessité et les avantages.

Le juge n'est donc pas lié par le rapport des experts ; si dans le for intérieur de leur conscience, ces derniers rendent un jugement, parce qu'ils apportent une solution de la difficulté qui leur est soumise, ce jugement, au point de vue judiciaire, n'a que le caractère et la force d'un simple avis. Leur travail n'a point force de chose jugée sur les faits qui en sont l'objet, il ne constitue pas même une preuve légale de ces faits, il n'est qu'un élément de l'instruction, un moyen de preuve, le juge peut en accepter l'influence, il ne la subit pas ; son appréciation peut se fonder sur ce travail, mais il l'apprécie en le suivant. Les experts sont donc placés à coté du juge pour l'éclairer, pour le fortifier, non pour accomplir quelque question de son office ; ils lui apportent le secours de leurs connaissances scientifiques, sans exercer aucunement l'autorité judiciaire.

SECTION II. — DU CHOIX DES EXPERTS

Les magistrats ne sauraient apporter trop de soins dans le choix des gens de l'art, dont ils peuvent se faire assister pour constater le corps et les circonstances du délit. Les opérations de médecine légale exigent surtout de grandes précautions : elles sont difficiles et délicates, elles ont une grande influence sur les affaires les plus graves ; c'est un double motif pour ne les confier qu'à des hommes instruits, expérimentés et capables de les bien faire (1).

Ces constatations sont faites ordinairement par des médecins légistes attachés aux tribunaux, mais non d'une manière fixe. On a proposé de les désigner d'une façon plus stable et de leur donner un traitement.

______

(1) Instruct. minist. du 30 Sep. 1826.

Cette institution, adoptée en plusieurs endroits, serait excellente en ce sens qu'elle permettrait à ces praticiens de se préparer dans leurs études aux nombreuses spécialités qu'ils sont appelés à exercer. Un médecin légiste doit connaître, en effet, toutes les parties de la médecine, qui font ordinairement le sujet des études d'un seul. Plusieurs propositions ont été faites à ce sujet. Mais le juge d'instruction peut, en vertu de son pouvoir, désigner tel médecin qu'il lui plaira pour remplir ces fonctions, de même qu'il peut nommer comme expert, d'écritures ou autres, les professionnels qui lui semblent convenir le mieux aux besoins de l'instruction.

Les experts sont convoqués par le juge sous forme de lettre missive ou de réquisitoire, la loi n'ayant prescrit aucune forme spéciale. On s'est demandé pendant longtemps, si un expert sommé de procéder à une expertise, était obligé d'obéir à l'ordre du juge et de faire les opérations qui lui étaient indiquées. La loi est muette sur ce point, mais une jurisprudence, couronnée par des arrêts de la Cour de cassation s'est rapidement formée, laissant au tribunal saisi de la prévention, le soin de châtier les experts qui ne se prêteraient pas au désir de l'instructeur et confiant à ce tribunal le soin d'apprécier la conduite de l'expert. Selon nous, non seulement ce tribunal est impuissant à forcer l'expert à un contrôle qu'il refuserait d'exercer, mais il est incapable de mener à bien l'appréciation de sa conduite ; de sorte que ce moyen de coercition contre l'expert nous paraît une mesure inefficace et illusoire. On peut contraindre les bras d'agir, même par une mesure purement morale, mais l'intelligence n'échappe-t-elle pas à toute contrainte ? Les experts, forcés sous peine d'un châtiment de procéder aux expertises, n'inspireront aucune confiance, et la Justice ne retirera aucun fruit de leur concours.

Ces refus peuvent avoir des inconvénients ; il est très important pour la Justice que toutes les opérations médico-légales soient faites par les hommes les plus éclairés. S'ils peuvent se dégager de leur mission, le juge n'aura aucun moyen de les contraindre à la remplir. La police judiciaire sera même tout à fait paralysée dans les petites localités où il n'existe qu'un seul médecin capable d'éclairer ses investigations, si cet homme refuse de se prêter aux exigences de la Justice.

Ces dangers ne doivent pas être exagérés ; il est rare en effet qu'un homme de l'art refuse son concours à l'action de la Justice : le savant, qui reçoit une mission du juge, contracte un devoir social, car c'est un devoir, de ne pas refuser à la Justice qui protège la Société, à l'accusé qui prépare sa défense, les secours de son expérience, pour la manifestation de la vérité. Ce devoir n'a pas de sanction légale suivant nous, mais il ne doit pas en être moins sacré.

Avant de procéder aux opérations de l'expertise, l'expert doit prêter serment, et en aucun cas, il ne peut être dispensé de cette formalité. En commençant l'expertise, le juge doit désigner à l'expert les faits sur lesquels doit porter son investigation : l'expert doit lever les doutes de la Justice, il ne pourrait le faire s'il ne les connaissait pas. Le juge devra donc poser à l'expert des questions assez circonscrites pour ne pas laisser l'expertise s'égarer, et pas assez restreintes pour empêcher les explications nécessaires à la compréhension générale des faits. Les explications et les questions posées par le juge aux experts doivent être ordinairement renfermées dans une ordonnance qui sert de base à leur rapport. Le magistrat instructeur a certainement le droit d'assister à toutes les opérations de l'expertise, mais en fait, il en use rarement.

L'expertise donne lieu à un rapport, dont toutes les parties doivent correspondre aux chefs de l'ordonnance qui l'a motivée ; ce rapport, autant que possible, doit être clair, précis et parfaitement raisonné. Le juge y fait toutes les observations qu'il croit devoir y faire ; s'il y reconnaît des irrégularités, si par exemple les conclusions ne sont pas motivées, si elles manquent de précision et de clarté ; si l'expertise n'a pas tenu compte de faits importants relevés dans la procédure ; si des points graves n'ont pas été appréciés ; il doit proposer ses doutes aux experts, leur poser avec soin des questions nouvelles, leur signaler les raisonnements obscurs, les faits omis et leur demander de compléter leur rapport.

Si les experts, au nombre de deux, se sont trouvés en dissidence d'opinion sur les points importants et ont exprimé dans leur rapport ce désaccord qui les sépare, le juge peut, s'il le croit utile, désigner un troisième expert qui se joint aux premiers et qui concourt avec eux à la solution des difficultés qui les ont divisés ; il peut aussi tout simplement nommer d'autres experts.

Les expertises les plus fréquentes ont lieu en matière de vérification d'écritures et dans les constatations médico-légales.

Les expertises de vérification d'écritures, bien qu'ordinairement faites par des professionnels, donnent souvent lieu à des erreurs et nous offrent le spectacle d'experts renommés, se contredisant avec force et basant leurs conclusions diamétralement opposées sur des faits et des raisonnements plausibles. Aussi, nombre de juges ne se réfèrent au rapport des experts qu'avec de grandes hésitations. Un autre danger de l'expertise en écritures est le suivant : ordinairement dans un tribunal c'est toujours le même expert qui est nommé aux fins d'apprécier les similitudes d'écritures, qui peuvent exister ou non entre deux pièces ; il est rare que le juge d'instruction s'adresse à un autre que celui qui possède la confiance du tribunal. Cette mesure, que certains auteurs voudraient voir consacrée par une loi (1) et qui présente quelques avantages au point de vue médico-légal, nous paraît ici pleine de dangers. N'est-il pas à craindre en effet, que dans une matière aussi difficile et spécieuse, l'expert qui se perd lui-même dans des considérations difficultueuses, ne se rejette habituellement sur les idées du juge pour les adopter ? Ce péril est d'autant

(1) Faustin Hélie, t. IV, p. 530.

plus considérable, que souvent le juge flatté, par les conclusions de l'expert, dans sa perspicacité, les adoptera d'autant plus facilement qu'elles sont conformes à ses prévisions.

D'autre part, l'expertise en matière de vérification d'écritures sacrifie trop le prévenu ; il subit le rapport des experts, il n'est pas admis à le contredire, puisque le juge le joint au dossier ou l'en exclut suivant son opinion personnelle. Il y aurait un moyen de concilier l'intérêt de la défense et la plus grande sûreté possible du rapport des experts, ce serait de rendre l'expertise contradictoire. En dehors des experts, nommés par le juge d'instruction et qui travaillent sur son ordonnance, l'inculpé et son conseil auraient le droit de désigner des experts qui, après avoir été agréés par le juge qui dirige la procédure, feraient un rapport sur les points que leur désignerait l'inculpé ou son avocat.

Le droit de la défense dans ce projet serait parfaitement reconnu, et d'autre part le rapport des experts à décharge pourrait servir à contrôler le rapport des autres. Un bon rapport devrait contenir toutes les observations à charge et à décharge, qui peuvent être faites, mais, en réalité, il est rare qu'un expert, après les premières observations qu'il a faites, ne devienne pas inconsciemment partial et que son rapport tout entier ne se ressente pas de son parti pris.

L'expertise contradictoire nous parait donc une garantie, non seulement pour la défense, mais pour la découverte de la vérité. Le rôle du juge ne serait même pas plus difficile que dans le cas d'un rapport unique : dans

ce dernier cas, en effet, le juge doit contrôler les conséquences du rapport en se basant sur son appréciation
personnelle et sur des données qu'il ignore peut-être ;
dans le cas de l'expertise contradictoire, les deux
rapports se combattraient mutuellement, et l'instructeur n'aurait qu'à juger entre les deux conclusions
celle qui satisfait le mieux l'esprit et les circonstances.

Cette expertise contradictoire, nous la demandons
non seulement pour les vérifications d'écritures, mais
aussi pour les opérations médico-légales. Dans ces
dernières, si les rapports s'appuient en partie sur des
faits matériels et faciles à prouver pour des hommes
de l'art, il en est parfois de terriblement difficiles, et
il n'est pas rare de trouver des experts savants et consciencieux, qui dressent successivement plusieurs rapports se contredisant l'un l'autre. Cette variation
d'opinion montre bien les difficultés que les hommes
de science rencontrent parfois, dans l'examen des
questions médico-légales, difficultés d'autant plus considérables qu'ici l'expert est appelé à se prononcer sur
une foule de questions, dont chacune doit faire l'objet
d'études spéciales. Un médecin légiste doit posséder,
avec une égale compréhension, toutes les parties de
cette vaste science de la médecine ; il est impossible,
par conséquent, de trouver le médecin légiste idéal,
celui qui ne se trompe sur aucune de ces matières.

M. Labroquère (1) proposait, pour remédier à cet

______

(1) Labroquère, *La justice criminelle et les sciences médicales*,
Paris, 1879.

inconvénient, de recourir à l'appui des Facultés ou Écoles de médecine. D'après son système, les Cours d'appel auraient dressé des listes de médecins spécialistes d'après l'avis des Facultés. Les juges auraient choisi parmi ces listes les experts qui leur auraient paru répondre le mieux aux besoins de la cause. En cas de contestation, on aurait procédé à un nouvel examen du fait, et en fin de compte, si les malentendùs s'étaient reproduits, on aurait eu recours à la décision d'une commission formée par le corps enseignant.

Cette théorie, très logique, est cependant inapplicable, d'après nous. Les Facultés de médecine n'existent pas en effet dans tous les centres de justice, de là certaines difficultés qui pourraient survenir. De plus, ce système, s'il peut amener parfois d'heureux résultats, peut aussi en cas de contestation ne produire que l'incertitude. Mais l'inconvénient principal qui empêche ce système d'être pratique, c'est non seulement la grande perte de temps qui résulterait nécessairement de ces recours à diverses personnes, mais aussi ce résultat bizarre, que le juge d'instruction qui doit être le personnage principal de toute cette procédure, serait considérablement effacé par le rôle supérieur de l'expert ; ce système donnerait au rapport une autorité qu'il n'a pas, et qu'il ne doit pas avoir. L'instructeur se trouverait lié par la décision d'une Faculté et ne pourrait, comme l'a voulu le législateur, ne tenir le rapport que comme un renseignement sur lequel il doit baser sa conviction. Tel est selon nous le motif qui empêche cette théorie d'obtenir une application pratique,

Un procédé plus simple et moins extraordinaire nous semble préférable, tout en ménageant l'intérêt de la Justice et celui de la défense : c'est celui que nous avons énoncé plus haut : l'expertise contradictoire. Le besoin de protéger l'inculpé contre la trop grande latitude, laissée au magistrat dans l'expertise médico-légale, a trouvé des interprètes (1) qui ont réclamé ce moyen comme le plus pratique et le plus satisfaisant aux droits de la défense. Dans l'expertise contradictoire, le défendeur et son conseil auraient le droit de choisir un expert avec l'avis favorable du juge instructeur, et cet expert pourrait combattre le médecin légiste, demandé par l'instruction, en se plaçant sur le même terrain que lui et en discutant ses conclusions sur chaque article de l'ordonnance du juge. Ce dernier conserverait ainsi l'entière direction de la procédure, et son rôle, qui est d'assister et de prendre dans le rapport tout ce qui peut mener à la vérité, serait pleinement sauvegardé. Il pourrait de cette façon juger sans parti pris et en connaissance de cause de toutes les énonciations avancées par l'accusation et la défense.

La lutte entre deux adversaires est le meilleur moyen de connaître leurs défauts et leurs qualités ; l'instructeur assistant en spectateur, à la discussion entre les experts, jugerait facilement quels sont les raisonne-

____

(1) Proposition de M. Cruppi, député de la Haute-Garonne, ancien avocat général à la Cour de cassation. — Voy. journal, le *Temps*, 18 et 20 avril 1899.

ments les plus fermes, les constatations les plus
précises ; il se formerait ainsi une conviction plus
sincère et plus vraie qu'abandonné comme il se trouve
aux explications d'un seul rapport. Il garderait en
même temps son véritable rôle, qui est d'éviter à la
Justice un retard préjudiciable, et de préparer tous les
éléments du procès, sur lesquels les juges du fond
devront statuer.

Les adversaires du système de l'instruction contradictoire, et ils sont nombreux, soutiennent que le fait
de rendre l'expertise contradictoire enlève au juge
d'instruction toute son utilité et son originalité. Nous
ne sommes pas de leur avis. Sans doute, le droit pour
l'inculpé d'avoir un conseil, de se faire représenter par
un expert dans une expertise, le droit de suivre comme
un défendeur au civil toutes les opérations du juge, de
combattre les témoins lors de leurs interrogatoires, rend
plus difficile et moins efficace la tâche et le rôle de
l'instructeur, mais y a-t-il un mal à ce que les fonctions du juge deviennent plus difficiles, si de cette
difficulté ressort un bien évident pour la Société ?
D'autre part, nous souhaitons l'établissement de cette
institution, dans le but de rendre moins efficace le rôle
du juge d'instruction afin d'éviter, autant que possible,
ces erreurs judiciaires, heureusement peu fréquentes,
mais si criardes et si révoltantes, malgré l'entière
bonne foi des juges, qu'elles font plus de tort à la
Justice et à la Société que l'impunité du crime.

Ce que nous voulons, en demandant l'instruction
contradictoire, c'est protéger le juge contre lui-même,

contre ses préjugés et ses partis pris inévitables ; c'est faire éclater l'évidence à ses yeux en mettant les deux parties en présence et en faisant de lui un observateur impartial ; c'est le seul moyen de garantir aux bases du procès qu'il prépare, une entière impartialité et une sûreté pleine de sang-froid. Au contraire, en le plaçant lui-même sur la piste du criminel, seul et livré à tous ses défauts d'homme, le législateur le forçant dans son amour propre à livrer un criminel à la Justice, en fait un chercheur muni de préjugés et d'opinions préconçues, qui s'égarera facilement sur un simple indice et qui, sur des apparences, s'enfoncera dans l'erreur, refusant dans son orgueil de revenir en arrière.

C'est malheureusement ce qui se passe quelquefois dans l'instruction préparatoire et c'est ce qui occasionne les regrettables erreurs qui viennent tous les ans grossir les annales judiciaires. Le seul moyen de prévenir ces accidents, d'empêcher les errements du juge, c'est de le protéger contre lui-même, tout en lui laissant la direction et la suprématie dans la direction de l'instruction. C'est cette sage réforme qu'a instituée la loi du 8 décembre 1897, mais sur un point seulement de l'instruction : l'interrogatoire de l'inculpé.

CHAPITRE CINQUIÈME

INTERROGATOIRE DE L'INCULPÉ

SECTION I. — ORIGINE. NATURE. CARACTÈRE.

L'interrogatoire de l'inculpé par le juge d'instruction est un souvenir de la procédure inquisitoriale, une institution de notre ancien droit. Tant que la procédure criminelle fut accusatoire, le procès tout entier fut affaire entre les deux parties, mais lorsque cette procédure devint inquisitoriale, et que le soin de la poursuite fut laissée à un officier public, l'interrogatoire devint la partie principale de la procédure préparatoire.

Cette mesure a été établie dans un double but ; elle devait être à la fois un moyen de défense et un moyen d'instruction ; elle a pour objet d'entendre les explications du prévenu pour les vérifier, de consigner ses dénégations et ses aveux, de chercher dans ses déclarations, satisfaisantes ou contradictoires, la vérité des faits. Dans le système des ordonnances de 1539 et 1670 l'interrogatoire avait déjà ce caractère que Jousse résume en ces mots : « Les interrogatoires sont établis tant pour la conviction de l'accusé que pour sa défense (1). »

Il est absolument nécessaire d'interroger les accusés, parce que c'est principalement dans l'interrogatoire, que l'accusé peut employer les moyens naturels de sa défense et parce que c'est surtout en cette occasion que le juge peut, grâce à sa perspicacité, arriver à découvrir la vérité. L'interrogatoire a trouvé des adversaires, qui se sont effrayés des conséquences de ce moyen d'instruction, les législations anglaise et américaine l'ont presque complètement rayé de leurs institutions ; chez nous, la loi de 1897 y a fait de sages réformes ; mais tout en approuvant cette nouvelle législation, qui a restreint les pouvoirs du juge dans l'interrogatoire et y a donné plus de garanties à la défense, nous ne saurions admettre la suppression de l'interrogatoire du prévenu, qui est la partie principale de la procédure préparatoire.

Lorsqu'un citoyen par son fait, ou par suite d'apparences graves, est soupçonné d'avoir commis un délit, le droit de la Justice est de provoquer, sur-le-champ, ses explications. Il doit lui-même désirer les fournir s'il n'est pas coupable ; son plus grand intérêt, comme son plus grand désir, est d'écarter le nuage qui entoure sa conduite, de donner les explications qui peuvent la mettre dans son vrai jour ; provoquer les questions et y répondre. Chaque détail de l'interrogatoire est un anneau de la chaîne des preuves qui établissent son

____

(1) Jousse, t. II. p. 153.

innocence. Mais si l'utilité de l'interrogatoire est certaine pour le prévenu comme pour la Justice, les formes auxquelles il était soumis dans notre ancienne législation, le secret dont on l'entourait, le pouvoir absolu de l'instructeur, qui pouvait à volonté presser et intimider l'inculpé, ou encore l'attirer par une bienveillance exagérée, en faisait un instrument efficace mais terrible. C'était une véritable lutte entre l'accusé et le juge : des finesses, des subterfuges, des tromperies de toute sorte étaient employées de part et d'autre. Bien naturelles chez l'accusé, elles auraient dû être inconnues au juge ; ce n'était cependant pas de ce côté qu'étaient les moindres artifices. Les actes, qui nous ont été conservés, ne gardent pas trace de ces luttes, parce qu'ils ne nous donnent que les résultats en se bornant à reproduire la substances des réponses de l'accusé ; ils ne nous montrent pas celui-ci aux prises avec le juge et ils ne nous font pas voir le travail préparatoire, lent et obstiné qui amène les aveux. Mais des conseils donnés publiquement et des ouvrages traitant la manière d'instruire les procès criminels, nous renseignent à ce sujet (1).

Le but principal de l'interrogatoire était d'obtenir l'aveu du coupable ; cet aveu formait contre lui une preuve pleine et entière, et suffisait à lui seul pour entraîner sa condamnation. Nous avons dit plus haut les procédés ordinaires qu'employaient les enquêteurs pour forcer les aveux de l'inculpé, nous avons vu quels

---

(1) Bouvet. — Les manières admirables pour découvrir toutes sortes de crimes avec l'instruction solide pour bien juger un procès criminel.

moyens de contrainte ils prenaient pour parvenir à ce but, et comment ils appliquaient en fin de compte la torture pour arracher aux inculpés leur propre condamnation. Les ordonnances de 1539 et 1670, tout en consacrant le principe que nul ne peut être condamné sans avoir été entendu, et que l'interrogatoire doit être un moyen à décharge, en même temps qu'un moyen à charge, maintenaient l'usage de la torture et entouraient l'interrogatoire de formes et de prescriptions sévères pour l'accusé. C'est ainsi que l'ordonnance de 1670 voulait que l'interrogatoire eût lieu dans les vingt-quatre heures après l'emprisonnement au plus tard, à peine de dépens et dommages-intérêts contre le juge (1). C'était le juge lui-même qui devait procéder à cet interrogatoire, et l'accusé, de quelque qualité qu'il fut, était tenu de répondre de sa bouche, sans le ministère de conseil (2).

La sévérité de ces dispositions atteste l'importance que le législateur attachait à cet acte, qui était à ses yeux le moyen le plus puissant de la preuve. Le juge ne pouvait donner à l'accusé aucun délai pour répondre : on pensait que cet interrogatoire fait sur le champ était la voie la plus sûre, pour tirer la confession de sa bouche, avant qu'il ait eu le loisir de former des ruses et des subtilités pour déguiser la vérité. La loi de 1791 et le code du 3 brumaire an IV maintinrent à peu près intactes les prescriptions de l'ordonnance de 1670. C'était le juge d'instruction qui interrogeait l'inculpé,

(1) Ordon. de 1670, tit. XIV, art. I et suiv.
(2) Muyart de Vouglans, p. 452.

et cet interrogatoire devait être à la fois un moyen de défense et un moyen d'instruction. Notre Code, très peu explicite sur ce point, suivit les mêmes principes et l'interrogatoire a toujours pour but, chez nous, d'entendre les explications de l'inculpé pour les vérifier, de consigner ses aveux ou ses dénégations et de chercher, dans ses explications satisfaisantes ou contradictoires, la vérité des faits.

Nous avons dit que certains rejettaient l'interrogatoire comme moyen d'instruction, effrayés qu'ils étaient, de l'influence et de l'autorité que le juge peut y exercer sur l'inculpé, et soutenant que ce procédé devrait être écarté comme trop cruel et trop efficace. Nous admettons au contraire en principe l'interrogatoire comme moyen d'instruction et de défense, et d'autant plus volontiers, que la loi de 1897, en donnant à l'inculpé un conseil, lui a par cela même donné une garantie contre les tendances de l'instructeur.

Dans notre ancienne pratique criminelle, il était admis par la jurisprudence et la doctrine, que le juge pouvait tendre des pièges à l'accusé, pour obtenir de lui un aveu. Son degré d'habileté se mesurait uniquement à la variété des ruses et subtilités qu'il employait pour obtenir ce résultat : on lui permettait de recourir aux questions obscures et à double sens, de se servir de ruses et de mensonges. Laroche-Flavin, dans son histoire des Parlements de France, va jusqu'à dire qu'il est permis aux juges de mentir quelquefois pour rechercher et découvrir la vérité des crimes et forfaits ; par exemple : « le juge peut faire croire à l'inculpé que ses complices et compagnons l'ont accusé, alors qu'ils n'y ont pensé ; car alors pour se venger il rendra peut-être la pareille. »

Ces usages odieux, combattus par les criminalistes du XVIIIᵉ siècle, restèrent cependant dans la pratique, et les juristes les plus modérés, les plus favorables à la défense accordent au juge le droit de se servir d'une sorte de surprise et de feinte (1). La Justice qui est elle-même la vérité, suivant l'expression de Domat, doit mettre la vérité dans ses actes et ne pas se servir de moyens empreints de dol ou de fraude. L'habileté du juge ne peut consister que dans la position loyale de toutes les questions qui résultent de l'étude des faits. Toute surprise et toute feinte doivent être proscrites de l'instruction ; le droit d'interroger l'inculpé n'emporte pas celui de l'embarrasser dans des questions adroitement tissées, pour le faire tomber dans des contradictions. Le juge ne cherche pas un coupable, mais la vérité ; il ne doit pas substituer à l'examen un combat où doit nécessairement succomber le plus faible. Cette règle doit être suivie spécialement avec les illettrés et les ignorants qui n'ont aucune notion des formes de la Justice et des droits que la loi leur assure.

Cette théorie de l'impartialité des juges est loin d'être mise en pratique ; la plupart d'entre eux, lorsqu'ils ont une instruction en mains, plus soucieux de trouver un coupable que de chercher la vérité, s'ingénient de toutes façons à se convaincre eux-mêmes de la culpa-

____

(1) Jousse, t. II, p. 274.

bilité de leurs inculpés , s'efforcent d'obtenir des aveux par surprise, lassitude et même par excès de bienveillance (1).

SECTION II. — LA LOI DU 8 DÉCEMBRE 1897

Ce sont ces abus, cette faiblesse de l'instructeur toujours prêt à sacrifier la défense, qui ont motivé la loi de 1897. Monsieur Dauphin, dans son rapport du 8 mars 1882, résumait ainsi les nécessités de réformer notre Code : « Le Code d'instruction criminelle n'a voulu assurer que l'intérêt social, il autorise le juge à laisser l'inculpé aussi longtemps qu'il le veut, en dehors de tous les actes qui s'accomplissent, et à ne pas même lui révéler les charges avant de l'interroger. Les témoins sont appelés, leurs allégations se détruisent ou se confirment, il n'en sait rien ; les expertises se font sans lui ; perquisitions, commissions rogatoires, procès-verbaux, renseignements de police, tous. les procédés d'instruction se croisent et se combinent à son insu en un faisceau de preuves, et le prévenu, détenu en vertu d'un mandat d'une durée illimitée, séparé de ses conseils, de sa famille et de son juge, n'a ni la puissance, ni l'occasion de réclamer à temps aucune des mesures qui le disculperaient. »

La procédure inquisitoriale, si elle a ses avantages, a aussi ses dangers ; elle arme fortement la Société,

----

(1) Discours de M. Ribet, avocat général à la Cour de Bordeaux. *Gazette des Tribunaux*, 29 octobre 1897.

mais elle l'expose à des erreurs ; on a souvent vu
l'inculpé risquer de se perdre par des mensonges dûs à
la crainte d'une réponse compromettante ou par des
aveux nés de la lassitude. Si cette instruction donne
au juge certaines facilités pour ses investigations, elle
peut aussi, lorsque son esprit est prévenu, le maintenir
ou l'engager dans une fausse voie, et par là, préparer
l'erreur judiciaire définitive.

Les adversaires de la nouvelle loi ont essayé
par mille moyens, la réhabilitation d'un système
souverainement impopulaire et contre lequel on ressen-
tait cette défiance irritée qui se traduit par d'irrésis-
tibles désirs de changement.

La Cour de cassation, consultée avant le vote de la
loi au Sénat, donna son avis en adoptant les conclusions du rapport de M. Falcimaigne (1). Ce rapport
n'est en somme que le panygérique du juge d'instruction, dont la nouvelle loi semble se défier considérablement. Un panygérique est toujours inutile, il n'a
d'action ni sur la confiance ni sur la méfiance, il ne
crée pas l'une, il ne tue pas l'autre ; il n'augmente
pas l'estime, il ne diminue pas le soupçon ; on mérite
le respect, on ne le décrète pas. Le rapport, adopté par
la Cour, reconnait que « la prudence, la discrétion,
l'impartialité, l'indépendance, ne font pas défaut à nos
magistrats instructeurs, et qu'ils ont « tous » un sentiment profond de leur devoir professionnel, un juste
souci de leur responsabilité, et que la recherche de la

____

(1) Voy. *Gaz. du Palais*, 29 déc. 1896 et jours suiv.

vérité est en « toutes » circonstances l'objet unique de leur constante préoccupation. » Cette affirmation est l'outrance d'un éloge véridique, mais exagéré. Il existe de mauvais prêtres et de mauvais soldats, ne peut-il exister de mauvais juges ? L'absolu n'est d'aucun monde, pas même du judiciaire.

Impartial et indépendant ? Par hypothèse le juge l'est en droit ; en fait le sera-t-il ? Peut-il l'être ?

Supposons-lui une indépendance complète, garantissons-le des visites intempestives, nous le défendons ainsi contre l'influence du parquet ; le défendrons-nous contre lui-même, son tempérament, sa passion ? Car il se passionnera, c'est humain ; il aura beau chercher l'impassibilité, elle est incompatible avec la bataille ; or c'est une bataille que livre l'instructeur ; l'accusé est un ennemi dont le silence est le bouclier ; l'instructeur brise le bouclier pour vaincre l'ennemi, et l'arme de l'instructeur se nomme l'interrogatoire. L'instructeur est donc, bien malgré lui, l'adversaire fatal, sinon légal de la défense, puisqu'il est l'adversaire du prévenu. Son ardeur a d'excellents mobiles, mais enfin, c'est une ardeur ; et, en dépit de la Cour suprême nous assistons à un duel : « d'un côté, l'effort continu pour obtenir l'aveu, de l'autre, une résistance désespérée pour résister à cet effort. » Cette phrase résume toute la psychologie de l'instruction judiciaire ; l'instruction est cela ; elle a toujours été cela ; l'effort ne varie pas, seuls les moyens diffèrent.

Bien avant 1897 la nécessité d'une réforme s'était fait sentir : en 1878 une commission extra-parlementaire, sous la direction de M. Faustin Hélie, avait discuté et organisé un premier projet de réforme. Ce projet soumis à plusieurs reprises aux Chambres fit l'objet des rapports de MM. Dauphin et Bovier-Lapierre; il n'aboutit pas. Un autre projet de M. Constans appuyé et renouvelé par M. Thézard, en 1894 (1), fut enfin adopté par le Sénat, en 1897, qui se mit ainsi d'accord avec la Chambre de 1882, suivant l'expression de M. Léveillé (2). La nouvelle loi était attendue depuis plus de dix-huit ans et avait été discutée à plusieurs reprises par trois législatures.

Objet de la loi de 1897

La modification la plus importante que cette loi ait apporté dans notre législation, c'est d'autoriser la défense à se pourvoir d'un conseil qui, sauf le cas de flagrant délit, doit assister à certaines opérations de l'instruction à peine de nullité de la procédure. Lors de la première comparution du prévenu devant le juge d'instruction, ce dernier doit le prévenir qu'il n'est pas obligé de répondre à ses questions et qu'il a le droit de choisir un défenseur; celui-ci peut être nommé d'office par le bâtonnier des avocats ou le président du tribunal; il a droit d'assister aux interrogatoires et confrontations de l'inculpé, et d'être tenu au courant de la

(1) Voir l'étude de ces projets et rapports, D..P. 1897. 4ᵉ part. p, 114 et suiv. Duverger. Collections des lois et décrets, 1897, p. 499.
(2) J. O. Chambre. 13 nov. 1897.

procédure, la veille au plus tard de ces interrogatoires. Telles sont les dispositions capitales de la loi de 1897 en ce qui concerne l'interrogatoire.

Cette loi, comme le fait remarquer M. Jacomy, avocat général à la Cour d'appel de Paris, n'a fait que consacrer la pratique introduite dans certains tribunaux, notamment celui de la Seine, où l'instructeur, dès le premier interrogatoire, permettait à l'inculpé de communiquer avec son conseil. Mais cette mesure facultative n'était pas écrite dans nos lois. Le Code, en consacrant le principe du secret de l'instruction comme indispensable à la manifestation de la vérité, avait trouvé nécessaire de laisser l'inculpé seul et sans conseil, jusqu'à la clôture de l'instruction, en face du juge chargé de rechercher et de réunir les preuves de son innocence ou de sa culpabilité. Depuis longtemps le vice capital de ce système, qui sacrifiait la défense aux intérêts publics, avait été signalé et, malgré les tempéraments que beaucoup de magistrats apportaient dans la pratique à l'application rigoureuse du principe, on pouvait craindre que les intérêts de l'inculpé ne fussent pas toujours suffisamment sauvegardés. Ce privilège accordé à l'accusation pouvait engendrer des abus et être la cause d'erreurs regrettables et difficilement réparables, qui, en troublant les individus, atteignaient l'ordre public.

D'un autre côté, en portant au mal le remède nécessaire, il fallait éviter d'énerver et de paralyser la répression aux dépens de l'intérêt général. La loi de 1897 répond assez bien au but que s'était posé le législateur ; ce n'est pas la perfection même, mais comme disait M. Léveillé à la Chambre des députés (1), par comparaison avec l'ancienne loi, c'est un chef-d'œuvre.

D'abord, l'inculpé, aidé de son conseil, est assez fort pour faire connaître la vérité et remettre les choses en leur véritable situation ; privé de défenseur et livré à ses propres forces, il pouvait se laisser aller au découragement et à l'abandon ; sa situation n'est plus la même : avec son avocat, il peut résister à l'accusation. D'autre part, tout en donnant à la défense des garanties, la nouvelle loi n'a pas sacrifié l'intérêt de l'accusation et a limité strictement les pouvoirs du conseil. L'avocat ou l'avoué, désigné pour seconder l'inculpé, a son rôle nettement défini par l'article 9, § 3. Il n'a pas le droit, par une intervention sans cesse renouvelée, d'enlever à son client, aux réponses des autres inculpés ou des témoins confrontés, la spontanéité qui est le meilleur garant de leur sincérité. Son rôle consiste surtout à remonter le moral de son client dans les entretiens qu'il peut avoir avec lui, en dehors des comparutions devant le juge ; à l'encourager et à calmer la surexcitation bien compréhensible chez un inculpé, à l'encourager et à combiner avec lui un plan de défense.

A l'interrogatoire, c'est le client et non le conseil qui doit répondre aux questions posées ; en un mot l'avocat ne peut pas se substituer à l'accusé et ne peut prendre la parole qu'après y avoir été autorisé par le

---

(1) J. O., 12 décembre 1897, n° du 13.

juge d'instruction. Permettre davantage au conseil, ç'eut été sacrifier à la défense toute possibilité d'arriver à un résultat, ç'eut été mettre en présence du juge, un homme habitué à ce genre de luttes et donner trop de chances à l'impunité. L'information n'aurait plus eu dès lors la direction du juge d'instruction, qui définitivement doit en rester le maître; l'avocat de l'inculpé eut été son égal et aurait pu donner à la procédure l'allure et la direction qui lui convenaient. Notre législateur a donc sagement raisonné, en refusant au conseil le droit de répondre pour son client, et celui d'interroger et de parler sans l'autorisation de l'instructeur.

L'application de ce paragraphe de l'article 9 peut donner lieu à des conflits qui se sont déjà présentés dans la pratique. Si le juge refuse la parole au conseil pendant un interrogatoire, l'incident doit être mentionné au procès-verbal, et la défense peut faire tel usage qu'elle veut de cette constatation. Mais ces conflits très regrettables seront facilement évités, si le défenseur et le juge sont bien pénétrés de cette pensée qu'ils collaborent à une œuvre commune et que leurs efforts réunis doivent tendre à une manifestation rapide et éclatante de la vérité (1). Nous avons dit que l'inculpé peut refuser l'aide d'un conseil, mais en tout état de l'instruction, il peut demander l'appui d'un avocat ou en faire désigner un d'office.

---

(1) Circul. ministérielle du 10 décembre 1897.

Cas où l'inculpé est privé de conseil

En dehors de ce cas de refus, l'inculpé peut être privé de défenseur dans trois cas : quand un témoin ou des indices graves sont sur le point de disparaître et dans le cas de flagrant délit. Les deux premiers cas sont laissés à l'appréciation du juge; quant au cas de flagrant délit, il faut décider avec la majorité des auteurs que l'instructeur ne pourrait l'invoquer qu'après avoir été requis de procéder aux constatations ou dans les cas prévus par les articles 47 et 62 de notre Code (1). Avant d'examiner ces exceptions, nous devons faire remarquer que, comme toutes les mesures qui apportent une dérogation à un principe, elles doivent recevoir une interprétation restrictive.

Ces trois cas, dans lesquels l'inculpé doit être privé du secours d'un conseil, sont parfaitement délimités par la nouvelle loi, mais leur application peut donner lieu à des difficultés nombreuses.

Ces trois exceptions à la règle générale, posée par l'article 3 de la nouvelle loi, sont basées toutes trois sur l'urgence. On comprend facilement que la procédure, telle que l'ordonne la loi de 1897, donne lieu à certaines longueurs. Avant toutes opérations de l'instruction, le juge doit procéder à un premier interrogatoire, succinct il est vrai, et qui a plutôt pour but de déclarer à l'inculpé quels sont ses droits et de lui faire choisir

(1) Circulaire du 10 déc. 1897.

un défenseur ; mais quelque rapide que puisse être cette déclaration et ce choix d'un conseil, il est des cas où cette perte de temps peut causer un préjudice très considérable à l'instruction. Il en est ainsi quand des indices sérieux sont sur le point de disparaître ; par exemple, quand un crime a été suivi d'incendie, et que le juge, prévenu à temps, peut encore constater sur les lieux menacés par les flammes. Il en est de même lorsqu'un témoin est en danger de mort ; l'intérêt de l'instruction demande que le juge, avant tout interrogatoire et contrairement aux règles posées, questionne le mourant et s'efforce de prendre connaissance des choses que ce témoin a vues.

A ces deux premiers cas, la loi de 1897 en ajoute un troisième ; c'est le cas de flagrant délit. Le juge, qui assiste pour ainsi dire à l'exécution d'un délit, est placé mieux que dans aucun autre cas pour juger des culpabilités et des intentions. Il serait malheureux qu'il dût faire abstraction de sa présence et commencer sa procédure comme s'il avait été absent, lors de l'accomplissement du délit. Ces trois exceptions se comprennent parfaitement, mais la nouvelle loi, en laissant ici une marge trop grande à l'arbitraire du juge d'instruction, a donné lieu involontairement à de nombreuses difficultés. Comment le juge appréciera-t-il en effet les trois conditions dans lesquelles il peut commencer l'instruction, sans donner à l'inculpé les avertissements et les garanties exigées par la nouvelle loi ? Il existe presque toujours, lors de la découverte d'un crime, des indices sur le point de disparaître. Il est vrai que la loi exige que ces indices soient sérieux, mais si le juge d'instruction n'a pu les approcher et n'en connaît pas la nature exacte, il est porté à croire que ces traces parfois insignifiantes, sont des indices graves, et par le fait, il est tenté de se servir de cette faculté que la loi lui reconnaît et de procéder aux opérations de l'instruction, avant que l'inculpé ait choisi un défenseur.

Le second cas où l'instructeur est autorisé à ne pas suivre les règles de la loi de 1897, ne prête pas autant à l'arbitraire du juge; il est difficile en effet de prétendre qu'un témoin se trouve en danger de mort, lorsqu'au contraire sa santé est florissante.

Le cas de flagrant délit peut donner lieu à de sérieuses discussions. Quand y a-t-il flagrant délit? Faut-il que le crime ait été commis immédiatement, ou bien la découverte du résultat suffit-elle à provoquer cette faculté donnée au juge d'instruction ? Selon nous, le droit reconnu au juge de procéder, en l'absence de conseil et en dehors de la nouvelle loi, peut s'exercer toutes les fois qu'il se rend sur les lieux, soit que, dans les conditions prévues par les articles 47 et 62 de notre Code d'instruction criminelle, il ait été requis d'informer et de se transporter aux lieux du délit, soit que conformément à l'article 59 il use des pouvoirs accordés en cas de flagrant délit au Procureur de la République, par les articles 32 et suivants du même Code. Il est évident que sitôt les indices graves relevés, l'interrogatoire du témoin en danger effectué, et les constatations du flagrant délit dûment terminées, la procédure doit reprendre son cours normal ; et que le juge doit alors déclarer à l'inculpé quels sont ses droits et qu'il peut choisir un défenseur.

Bien que l'article 7, qui renferme ces trois exceptions, se réfère à la première comparution de l'inculpé, il paraît hors de doute que, durant tout le cours de l'information, le juge a le droit, lorsqu'un témoin se trouve en danger de mort ou que des indices sont sur le point de disparaître, de procéder, en l'absence du conseil, à un interrogatoire ou à des confrontations. Quelque soit, en effet, le degré d'avancement de l'instruction, la nécessité d'empêcher la disparition des preuves, s'impose avec la même évidence. Mais on ne saurait étendre ce texte à d'autres hypothèses que celles qu'il prévoit; nous avons dit déjà, que cet article comme tous les textes qui apportent une dérogation à un principe général doit être appliqué restrictivement. Il prévoit trois cas, limitativement précisés et on ne saurait l'appliquer à un autre cas, alors même que l'urgence y apparaîtrait avec la dernière évidence. La règle d'interprétation que nous venons de rappeler, impose cette solution sur laquelle les travaux préparatoires de la nouvelle loi ne peuvent d'ailleurs laisser aucun doute, puisque le Sénat, dans sa séance du 29 mai 1897, a repoussé un amendement ainsi conçu : « S'il existe des motifs d'urgence dûment constatés au procès-verbal ». Le Sénat, en repoussant cette proposition trop générale, a montré qu'il voulait strictement limiter les exceptions aux trois hypothèses qu'il avait prévues.

Inobservation de la nouvelle loi

Une question intéressante au plus haut point et qui a trait spécialement aux nouvelles formes de l'interrogatoire, est celle de la sanction, en cas d'inobservation de la loi de 1897. Les nouvelles dispositions relatives à l'interrogatoire : l'obligation pour les magistrats d'avertir l'inculpé, lors de la première comparution et qu'il est libre de ne pas faire de déclaration, l'absence de mention de cette formalité, la défense d'interroger l'inculpé hors la présence de son conseil, l'obligation de mettre la procédure la veille de l'interrogatoire à la disposition de l'avocat, le devoir de donner connaissance au conseil de toute ordonnance du juge, sont autant de règles dont l'inobservation entraîne la nullité de la procédure ; ces règles précises, que nous venons d'énumérer, doivent être suivies par le juge, et le défaut de leur application entraîne la nullité enfermée dans l'article 12 de la loi.

Cette nullité, que sera-t-elle ? La loi, qui est d'une précision digne d'éloge pour tout le reste, est dans cet article d'un laconisme très regrettable. L'article 12 dit : « seront observées, à peine de nullité de l'acte et de la procédure ultérieure, les dispositions prescrites par les articles 1, 3 § 2, 9 § 2 et 10.

La concision de cet article a donné lieu à de nombreuses difficultés et par suite à de nombreuses solutions. La plus simple consiste à vouloir un remaniement de la loi en ce qui concerne les sanctions. Une loi privée de sanction ne peut produire de fruits ; et si l'on veut tirer de celle-ci les heureux effets qu'on est en droit d'en attendre, il serait urgent de demander au législateur une nouvelle réglementation des nullités par lui édictées.

Mais, en attendant la réforme demandée par cette première opinion, d'autres auteurs soutiennent que l'interprétation de cette loi peut suppléer à la concision de son texte et que la jurisprudence peut, par ses solutions, remédier dans une très large mesure à ces inconvénients.

En ce qui concerne les nullités, visées par l'article 12 de la nouvelle loi, tous les juristes sont d'accord pour reconnaître que cette nullité existe non seulement pour l'acte entaché et pour ses conséquences, qui seraient parfois bien difficiles à saisir, mais que la procédure postérieure toute entière doit être annulée (1). Cette décision, fait remarquer M. Le Poitevin, qui aux yeux de nombreux jurisconsultes, semble avoir rompu avec les principes antérieurement admis, est au contraire, parfaitement conforme aux précédents historiques en matière de procédure. C'est ainsi que l'Ordonnance de 1670 et le Code de brumaire an IV (art. 460) annulent toute la procédure postérieure à un acte entaché de nullité. Nous rencontrons plusieurs arrêts de notre jurisprudence ancienne, qui annulent toute une procédure, parce que l'interrogatoire de l'inculpé a eu lieu dans l'hôtel du magistrat. La loi de 1897 est d'accord

_____

(1) *Revue pénitentiaire*, mars 1899, p. 267 et suiv.

sur ce point avec les principes mêmes du Code d'instruction criminelle ; l'article 408 de ce Code édicte en
effet, la nullité de toute la procédure à partir du plus
ancien acte nul. Cette nullité est donc conforme aux
principes de nos législations successives et ne saurait
être discutée.

Une autre question très intéressante, soulevée à
propos des nullités de la loi de 1897, est celle de connaître le caractère juridique de ces nullités. Sont-ce
des nullités relatives, c'est-à-dire que le prévenu seul
peut invoquer, ou doit-on les considérer comme des
nullités absolues, intéressant l'ordre public et pouvant
être déclarées d'office ?

L'intérêt de la distinction est assez notable. Si les
nullités de l'article 12 sont des nullités relatives, non
seulement l'inculpé pourra renoncer à leur bénéfice,
mais il pourra encore y renoncer tacitement ; le seul
fait par lui de ne pas invoquer cette nullité équivaudra
à l'abandon de ce moyen. Au contraire, si la nullité
est d'ordre public, elle pourra être invoquée, non
seulement par le prévenu lui-même, mais par toutes les
parties intéréssées, qui jugeront bon de le faire.

D'un autre côté, si les nullités de la loi de 1897 sont
absolues et d'ordre public, elles pourront être invoquées
en tout état de cause et non seulement devant les
juridictions d'instruction, mais devant les juridictions
de jugement elles-mêmes.

La plupart des autèurs veulent, que parmi les nullités
édictées par l'article 12, la première seule, qui ne nous
intéresse pas, celle qui résulte du concours du juge

d'instruction au jugement des affaires qu'il a instruites, soit une nullité absolue, parce qu'elle touche à l'organisation judiciaire préexistante et qu'ainsi elle intéresse directement l'ordre public (1). Quant aux autres dispositions contenues dans les articles 3 § 2, 9 § 2 et 10, ce texte, d'après les mêmes auteurs, n'ayant en vue que l'intérêt particulier de l'inculpé, les nullités dont l'article 12 frappe leur inobservation, ne sont pas d'ordre public. Ce sont, ajoute M. Jolly, des nullités absolues en ce sens que le juge est obligé de les prononcer si les intéressés les invoquent, mais elles ne sont que relatives, parce que l'inculpé seul peut les soulever.

Nous avons une opinion différente en ce qui concerne le caractère de ces nullités. Selon nous, ces règles ordonnées par le législateur, donnant un défenseur à l'inculpé, autorisant le conseil à assister aux interrogatoires et forçant le juge à communiquer au défenseur la procédure suivie et ses ordonnances, entraînent comme résultat de leur inobservation une nullité absolue et d'ordre public. En effet, ces dispositions touchent autant à l'organisation judiciaire que cette règle qui défend à l'instructeur de siéger avec le tribunal, lors du jugement de l'affaire qu'il a instruite. Des deux côtés, il y a innovation et changement, des deux côtés il y aura nullité absolue que tous les intéressés pourront demander et qui pourra être réclamée en tout état de cause.

---

(1) *Revue pénitentiaire,* mars 1899, p. 369 et suiv.

La seconde raison, sur laquelle on s'appuie pour assurer que la nullité résultant de l'artice 12 est une nullité relative, c'est qu'elle n'intéresse uniquement que l'inculpé. A première vue, ce motif paraît plausible, et il semble que l'accusé soit seul en jeu dans l'observation de ces règles. Mais en regardant de plus près, on voit que le véritable intéressé dans cette loi de 1897, c'est non pas l'inculpé en particulier, mais l'accusé désigné d'une façon générale, c'est-à-dire la défense. La loi de 1897 s'occupe d'organiser la défense à l'instruction, c'est bien une institution d'ordre public dont l'inobservation des règles entraînera une nullité absolue et que tous les intéressés pourront invoquer.

Une question, qui se greffe sur la première, est celle de savoir quelle est la juridiction compétente pour prononcer la nullité qui se présente. En fait la question est assez simple. En matière criminelle, derrière le juge d'instruction, il y a une autre juridiction d'instruction : la Chambre des mises en accusation qui prononcera le plus souvent la nullité de la procédure s'il y a lieu. D'ailleurs, le juge d'instruction lui-même, en matière criminelle comme en matière correctionnelle, pourra annuler toute la procédure qu'il aura faite, par une ordonnance, pour la recommencer depuis l'acte nul qui a motivé cette décision.

Il n'y aura de difficultés que dans le cas d'une procédure annulable dans une instruction correctionnelle. Dans ce cas, quelle sera la juridiction qui pourra prononcer la nullité ? Ceux qui veulent que l'annulation ne soit prononcée que par une juridiction d'instruction sont très embarrassés. En effet, depuis la suppression de la Chambre du Conseil qui contrôlait les décisions du juge d'instruction, il n'y a plus d'intermédiaire entre l'instructeur et la Chambre correctionnelle. Les auteurs, qui soutiennent cet avis, demandent alors qu'on rétablisse la Chambre du Conseil. D'autres suppléent à son absence en permettant à la Chambre des appels correctionnels de prononcer la nullité ; mais cette opinion fait naître des difficultés qui contrarient leurs principes : en effet, leur volonté est d'enlever le réglement de la nullité aux juges du fond ; or en soumettant le jugement de cette nullité d'instruction à la Chambre des appels cerrectionnels, ils arrivent à ce résultat que, dans la plupart des cas, les conseillers qui forment cette Chambre d'appel et se prononcent sur l'annulation de la procédure sont les mêmes qui auront à se prononcer plus tard sur le fond, si l'affaire est renvoyée devant la Cour d'assises ; ce qui est absolument contraire à leurs principes. Pour empêcher cette confusion, il faudrait donner à la Chambre des appels correctionnels le droit d'évocation et retirer la compétence d'instruction au juge qui a commis la nullité.

Cette théorie, qui veut que la nullité ne soit prononcée que par une juridiction d'instruction, donne lieu, nous venons de le voir, à quelques difficultés. Celle que nous préconisons et qui est infiniment plus simple, corrobore parfaitement les principes antérieurement posés. Nous avons montré que, selon nous, les nullités édictées par l'article 12 de la loi de 1897 sont des nullités absolues et d'ordre public, qui peuvent être invoquées par tout intéressé ; nous ajoutons que ces nullités peuvent être, en tant que nullités d'ordre public, invoquées à tout moment et devant n'importe quelle juridiction. Ainsi, d'après nous, la nullité, qui sera invoquée pour les motifs énoncés dans la loi, pourra l'être non seulement devant une juridiction d'instruction, mais aussi devant une juridiction de jugement.

Ce résultat est rationnel et les inconvénients, auxquels il pourrait donner lieu, ne sont pas plus considérables que ceux que l'on remarque dans les applications de la première opinion. Ainsi, en matière criminelle, lorsque la procédure d'instruction aura donné lieu à une nullité, cette nullité sera presque toujours invoquée devant la Chambre des mises en accusation qui la prononcera, et on ne verra que rarement une procédure annulable continuer jusque devant la Cour d'assises. Dans ce cas, même en admettant que l'inculpé ait mis de la mauvaise volonté à ne vouloir se servir que tardivement de ce moyen, nous croyons que l'on n'aurait pas le droit de supposer sa renonciation tacite et que cette nullité invoquée devrait entraîner l'annulation de toute la procédure postérieure.

En matière correctionnelle, nous reconnaissons volontiers que l'existence de la Chambre du Conseil, mieux comprise que celle que le législateur a supprimée, aurait l'utilité incontestable d'apporter un contrôle à l'instruction du juge. Elle aurait aussi l'avantage de rétablir la symétrie entre les deux systèmes de juridiction pénale. Mais, même en faisant abstraction de la Chambre du Conseil et en prenant les juridictions comme elles sont, notre système, qui accorde l'annulation en tout état de cause, ne produit pas d'effets plus extraordinaires que celui de nos adversaires. D'après eux, en effet, l'annulabilité doit être portée devant la Chambre des appels correctionnels ; sans chercher ce détour, nous déclarons le tribunal correctionnel, juridiction de jugement, compétent pour prononcer cette nullité ; le résultat est le même des deux côtés, mais les partisans de la première opinion sont encore obligés de faire un détour et de demander l'évocation pour rendre compétente la Chambre des appels correctionnels.

Les nullités de la loi de 1897 sont donc des nullités absolues, auxquelles l'inculpé ne peut renoncer tacitement ni ouvertement, que tout intéressé peut demander et qui pourront être prononcées, même par des juridictions de jugement. Nous avons vu, en commençant cette discussion, que plusieurs auteurs demandaient le remplacement de l'article 12 de la loi de 1897 par un texte plus précis et mieux défini ; cette mesure catégorique est certainement à souhaiter pour éviter toute discussion oiseuse ; mais il est certain, d'autre part, que le texte trop concis de cet article 12, interprété par la jurisprudence et la doctrine d'une manière impartiale, rend inutile le remaniement de la loi, opération toujours dangereuse.

Rôle de l'avocat à l'instruction

On doit reconnaître que la loi de 1897 a inauguré une série de réformes utiles et nécessaires que tous nos juristes attendaient depuis longtemps. Cette loi, selon nous, n'est qu'un premier pas dans cette voie nouvelle. Au cours de ce travail, nous avons souhaité voir l'inculpé protégé dans toutes les opérations de l'instruction ; nous avons manifesté le désir de voir l'expertise, l'interrogatoire des témoins devenir contradictoires ; espérons que les bons résultats obtenus, grâce à cette loi libérale, seront un encouragement pour le législateur.

Cette loi, surtout avant sa confection, avait soulevé contre elle une foule de critiques et d'attaques ; avant de laisser la loi venir en discussion devant la Chambre des députés, le Garde des sceaux, obéissant à un sentiment de prudence et de sagesse bien naturel, lorsqu'il s'agissait d'introduire dans la législation criminelle une réforme aussi importante, voulut avoir l'avis de la Cour de cassation. Les hommes remarquables, qui composent la Cour suprême, tous magistrats de carrière ayant pour eux une longue expérience et pouvant en raison de leur situation apprécier les choses avec une entière impartialité, se sont nettement refusés à admettre l'avocat dans le cabinet du juge d'instruction et à lui accorder le droit de prendre communication des pièces la veille de l'interrogatoire.

Cependant, le plus grand reproche qu'on ait fait à la

loi de 1897 ne lui a pas été adressé sur son libéralisme que d'aucuns auraient pu trouver exagéré ; on s'est contenté, de faire remarquer que, s'il était bon de donner à la défense des droits presqu'égaux à ceux de l'accusation, on aurait du interprêter contre l'inculpé son silence, parce que le silence ne peut profiter à l'innocent et que le coupable est le seul qui en tire avantage. On s'est élevé aussi, à la suite de la Cour de cassation, contre la présence de l'avocat aux interrogatoires de l'inculpé et contre la communication du dossier à la défense ; mais le principal reproche qu'on ait fait à la nouvelle loi, c'est la défiance qu'elle semble avoir du magistrat.

Cette défiance existait réellement dans l'esprit du législateur ; ainsi, lors de la discussion de la loi devant le Sénat, M. Constans accusait que la pensée maîtresse de la réforme, c'était « qu'il fallait placer l'avocat en face du juge afin qu'il le surveillât ». C'est la grande critique adressée à la loi de 1897, dont personne d'ailleurs ne regrette le libéralisme. La nouvelle loi ne s'est pas défiée du juge d'instruction en tant qu'homme privé, c'est-à-dire que sa méfiance ne portait pas sur les qualités intrinsèques du juge. Elle a voulu seulement prémunir l'inculpé et la défense contre cette tendance professionnelle bien connue du juge d'instruction, de croire à la culpabilité. Ce penchant involontaire, qui n'exclut pas l'impartialité et dont on ne peut rendre le juge responsable, encore exagéré par le pouvoir discrétionnaire du juge, faisait de ce dernier comme un homme isolé qui essayerait de se diriger dans un désert et qui suit jusqu'au bout la première route qu'il croit voir tracée devant lui. C'est cet entêtement qui est la cause des abus et des erreurs, des irrégularités de toute nature, violences physiques et morales citées en exemple au Sénat à l'appui de la réforme et qui ont porté pour ainsi dire le projet (1).

Sans doute, ces faits que nous reprochons ne sont pas tous établis à la charge des juges d'instruction : de nombreux agents sont au service de la Justice et peuvent commettre ces erreurs imputées ensuite à l'instructeur; mais c'est pour satisfaire le juge que ces agents se rendent coupables d'abus et le plus souvent, au lieu de les arrêter, le juge d'instruction les pousse dans une voie qui satisfait pleinement son opinion personnelle. C'est pour remédier à ces inconvénients que la loi a dit au juge et à l'avocat : « Juge, vous interrogerez loyalement, vous ferez connaître à l'inculpé, au préalable, les charges qui pourraient démentir ses réponses... Avocat, comme le juge peut manquer à son devoir, que toute protection est due à l'inculpé, vous lui apprendrez qu'il s'est placé sur un mauvais terrain, vous l'aiderez à en sortir. »

Voilà, selon nous, quel est le véritable esprit de la loi de 1897, qui veut donner à l'interrogatoire une tournure donnant toute satisfaction aux théories libérales dont M. Faustin-Hélie s'est fait le premier interprète.

____

(1) Voy. discours de M. Constans au Sénat; séance du 24 mai 1897. *J. O.*, Sénat, 25 mai 1897.

Si l'on est d'accord, en effet, pour repousser l'artifice, la surprise et les violences de l'instruction, les criminalistes comprennent différemment le devoir de loyauté du juge. M. Mangin, et après lui de nombreux auteurs, pense que l'instructeur peut « interroger l'inculpé sans lui faire connaître d'avance le but de ses questions, sans lui communiquer sur le champ les charges qui démentent ses réponses, le presser sur les faits qu'il allègue, l'obliger d'en déduire tous les détails, bien qu'il sache parfaitement que ces faits sont en contradiction avec les résultats positifs de l'instruction, et que ces détails ne sont propres qu'à mettre en évidence la mauvaise foi de l'inculpé. » Cet auteur, dont la compétence est reconnue par tous, admet donc que l'interrogatoire peut comporter quelqu'habileté, que l'instruction ne saurait être comme un miroir où l'inculpé pourra, avant de répondre, lire la pensée du magistrat et se prémunir contre les réponses compromettantes.

M. Faustin Hélie soutient au contraire, et nous l'avons vu précédemment, que toute habileté doit être écartée de l'interrogatoire, que le juge ne saurait faire usage : « même d'un détour, d'une réticence, d'une circonlocution calculée à l'avance; car c'est tromper l'accusé, c'est lui tendre un piège. » D'après cet auteur, et c'est aussi selon nous l'esprit de la nouvelle loi, le juge doit, avant toute question, communiquer les documents d'où ressortent la contradiction : toute surprise est dès lors impossible, et le juge ne peut plus encourir de reproche. L'avocat doit prendre communi-

cation du dossier avant l'interrogatoire, c'est-à-dire
que, comme le juge, il doit étudier ce dossier, se
rendre compte du succès ou de l'insuccès de l'instruction, de la force acquise contre l'inculpé ou au contraire des chances qui le favorisent. Si le juge semble
s'égarer et vouloir à tort la culpabilité du prévenu,
l'avocat devra lui faire les observations qu'il jugera
nécessaires.

Il ne faut pas croire qu'en vertu de la nouvelle loi,
le défenseur et son client soient tout puissants pour
faire dévier l'instruction qui semble les menacer. Non,
le rôle du juge est entièrement réservé, son pouvoir
est encore illimité comme par le passé ; les seules
modifications qu'ait subi l'interrogatoire consistent
dans les moyens mis à la disposition du juge pour
s'éclairer dans cette besogne difficile, où son emporte-
ment risquerait de compromettre la cause de la vérité.
Tandis qu'auparavant, il devait à lui seul retrouver
tous les indices et toutes les preuves qui devaient le
conduire à son but, au risque de se fourvoyer et de
perdre la véritable voie, il a maintenant un sérieux
auxiliaire dans l'avocat, qui peut lui indiquer les raisons
et les faits démontrant que lui, juge, se trompe. Et tout
en procurant à l'instructeur ce puissant moyen d'éviter
les erreurs, le législateur l'a laissé maître absolu de
l'interrogatoire. L'avocat n'est pas libre, en effet, de
parler, d'interroger comme bon lui semble ; il lui faut
pour cela la permission du juge, et c'est seulement
après cette permission, que l'avocat peut donner au juge
les indications qui lui paraissent utiles à la cause. Et

même après que le conseil de l'inculpé a fait ses observations, le juge n'est nullement tenu de les observer ou d'en tenir compte, sa liberté d'appréciation lui permet de les rejeter, si elles lui semblent futiles ; l'avocat n'assiste à la procédure que pour protéger la défense en éclairant le juge, l'instructeur a toujours la liberté de suivre ou de négliger ses avis.

La loi n'a rien changé à la conduite proprement dite de l'instruction, elle a simplement accordé à la défense des garanties qui lui faisaient défaut. Nous ne saurions trop nous féliciter de cette heureuse innovation qui, rompant avec le secret de notre ancienne instruction, évitera une foule d'abus pareils à ceux qui ont motivé cette réforme.

La communication de la procédure au conseil de l'inculpé, la veille de l'interrogatoire, est un des points de la nouvelle loi qui ont été le plus discutés. Repoussée par la Cour de cassation (1) comme dangereuse pour l'instruction, cette institution a été aussi l'objet des critiques de nombreux magistrats (2).

Le droit pour le défenseur de prendre connaissance des pièces du dossier, la veille des interrogatoires, doit nécessairement, selon eux, rompre le secret de l'instruction, secret utile et nécessaire à la découverte de la vérité. Il nous semble que ce secret n'est pas nécessairement violé par l'immixtion d'un avocat, soumis

____

(1) Voy. le rapport de M. le conseiller Falcimaigne. *Gazette du Palais*, 30 décembre 1896 et jours suivants.

(2) Discours de M. Jacomy, avocat général à la Cour d'appel de Paris. — *Gazette des Tribunaux*, 18 octobre 1895.

au secret professionnel, dans cette procédure. En fait, la publicité presqu'entière, inévitable, existe aujourd'hui, et la Presse, en la réalisant loyalement, use d'un droit. Mais si ce droit, quelques inconvénients qu'il puisse entraîner pour l'information elle-même, doit subsister, parce qu'il est conforme à l'esprit de libéralisme, à nos institutions démocratiques, et qu'il répond aux exigences de nos mœurs publiques, la publicité qui en résulte, n'en laisse pas moins planer une certaine incertitude sur la véritable posture de l'inculpé, aussi bien que sur la conduite du magistrat instructeur. Cette incertitude, qu'il importe de ne pas faire disparaître, ne sera pas sacrifiée par le seul fait de la communication des pièces à l'avocat.

Une question plus délicate, soulevée à ce propos, est de savoir quelle doit être la conduite de l'avocat vis-à-vis du prévenu ; que fera-t-il de ce secret de l'information abandonné à sa délicatesse, à sa conscience ? Le gardera-t-il pour lui, sauf à en tirer parti pour contrôler le juge ? Pourra-t-il au contraire le communiquer en toute liberté à l'inculpé ? S'il a le droit de livrer à son client les résultats obtenus pour ou contre lui, toute contradiction disparaît assurément de l'enquête, la mauvaise foi de l'inculpé ne sera pas mise facilement en évidence et les contradictions accumulées n'aideront pas la manifestation de la vérité. L'avocat a-t-il le droit de préparer ainsi le système général de défense de l'inculpé ?

Certains soutiennent la négative, en disant que l'avocat doit prendre communication de la procédure uniquement pour lui, afin de remplir le rôle de contrôle du juge : selon eux le législateur a voulu que le conseil n'eut d'autre destination que de rassurer l'inculpé par sa présence et de servir de mentor et de menace au juge, qui s'écarterait de la voie normale de l'instruction.

Tel n'est pas notre avis, l'esprit et la volonté du législateur étaient bien que le défenseur fut une menace pour l'instructeur, mais la loi reste muette sur les rapports de l'avocat et de son client. Ce silence de la loi doit s'interpréter en faveur de l'inculpé; il serait extraordinaire que la loi place un avocat, à côté d'un accusé, et qu'elle lui retire le droit de conseiller et de communiquer à l'intéressé cette procédure qu'il connaît. Il serait d'ailleurs difficile à l'avocat, même en admettant cette prohibition de cacher à son client les faits et les choses qu'il connaît, alors qu'il s'intéresse à son affaire et qu'il doit le préparer aux interrogations de l'instructeur.

Des confrontations.

A côté de l'interrogatoire proprement dit, se placent les confrontations, à propos desquelles nous dirons quelques mots de l'autopsie, qui est à la fois une confrontation et une expertise.

La confrontation est une sorte de présentation de l'inculpé et de la victime, ou de l'inculpé et des témoins ; c'est un interrogatoire de l'inculpé en présence de la victime ou des témoins de son crime. On comprend facilement quelles présomptions de culpabilité, l'instruction peut retirer de cette opération. La victime ou les témoins peuvent contredire les réponses de l'inculpé, le confondant d'une parole; se rappeler en le voyant des particularités oubliées d'abord et dont le détail peut être précieux pour la marche de la procédure. Mais avec tous ces avantages la confrontation offre de grands dangers pour la défense. Un homme faible et facilement intimidé, mis en présence de la victime, qui, l'esprit troublé, croit le reconnaître, s'effarera facilement; son émotion n'échappera pas au juge pour qui elle sera un indice certain de culpabilité. La simple présence d'un cadavre est pénible pour certaines personnes, à plus forte raison ces personnes se troubleront devant le corps d'un assassiné ou devant un mourant qui les accuse, alors même qu'elles seront innocentes. Il en est de même pour les confrontations de témoins; l'inculpé, qui se voit accusé formellement par un individu, n'est pas sans ressentir quelque contrariété ou quelqu'anxiété, qui se manifeste sur sa physio-nomie.

Avant la loi de 1897, l'inculpé, livré à lui-même, seul devant ses accusateurs, devait ressentir de terribles angoisses. Cette loi, en lui donnant un conseil qui assiste aux confrontations, fait disparaître, en majeure partie, ces inconvénients; l'inculpé n'est plus seul, il sent à côté de lui un homme compétent qui s'intéresse à sa cause, et dont la seule présence lui rend l'assurance dont il a besoin pour user des moyens de défense qu'il peut avoir. Lors de la discussion du projet de la loi, certains magistrats inquiets de cette innovation, prétendirent que la présence de l'avocat, lors de la confrontation, serait un obstacle aux dépositions des témoins, que ces derniers, inquiétés par ses observations et gênés par son attitude qui serait nécessairement hostile, ne donneraient pas les dépositions complètes qu'ils auraient faites en son absence.

La loi de 1897 a réduit à néant ces craintes en refusant la parole à l'avocat sans une autorisation du juge. L'égalité, qui n'existait pas entre l'accusation et la défense, a été établie par le fait ; le témoin qui avant la nouvelle loi, se sentait fort de l'appui du juge et qui n'avait pas à ménager l'inculpé livré seul et sans défense à son accusation, aura désormais, devant lui, un homme qui se sent soutenu par la présence de son conseil, et lorsque l'inculpé sera incapable de répondre à ses dires, le juge pourra autoriser le conseil à prendre la parole, au nom de son client, et à confondre, s'il y a lieu, les témoignages intéressés.

De même que pour l'interrogatoire et les confrontations, le conseil assiste l'inculpé à l'autopsie. Là, plus encore que dans les opérations précédentes, la défense a besoin d'être soutenue et appuyée. On ne peut pas renoncer à un moyen d'instruction aussi utile que celui-là, mais l'inculpé a grand intérêt à être assisté pendant une confrontation aussi pénible et aussi émotionnante, qui a presqu'uniquement pour but de l'émouvoir et de le convaincre du fait dont il est accusé. La présence de son avocat lui sera donc très utile et lui évitera des mouvements de sensibilité qui pourraient le compromettre et qui seront plus rares, par cela seul qu'il ne se sentira pas isolé et livré au juge.

Quant à l'autopsie proprement dite, l'opération matérielle et les rapports qui en sont la conséquence, nous répèterons à ce sujet ce que nous disions des expertises. Certaines opérations de ce genre donnent lieu à des discussions prolongées et ardues ; il n'est même pas rare de voir des médecins sérieux et réputés pour des sommités, se contredire dans plusieurs rapports successifs. Nous avons examiné cette question avec quelque détail à propos de l'expertise, nous nous bornerons à exposer ici les mêmes conclusions que celles posées à ce propos.

L'instruction et particulièrement la défense auraient grand avantage à voir établir l'autopsie contradictoire. Pourquoi, lorsque cette opération est nécessaire, n'adjoindrait-on pas au conseil de la défense un médecin désigné par elle ou d'office, qui, avec le concours de l'avocat, contrôlerait les allégations du médecin légiste et éviterait ainsi des tâtonnements parfois ridicules ?

SECTION III. — DE L'AVEU

La procédure préparatoire et plus spécialement l'interrogatoire ont pour but de rechercher l'auteur du fait incriminé, recherche souvent facilitée par l'aveu ou la confession que l'inculpé fait de son crime. Dans notre ancienne procédure criminelle, l'aveu était la perfection de l'instruction, le but principal de l'interrogatoire. La confession de l'accusé formait contre lui une preuve pleine et entière et suffisait à elle seule pour entraîner sa condamnation. L'aveu n'était pas indispensable, et l'accusé, bien que ne confessant pas son crime, pouvait encore être tenu pour coupable et condamné pour tel, lorsqu'il était convaincu soit par témoins, soit par tout autre mode légitime de preuves.

L'aveu n'en avait pas moins une très grande importance, puisqu'il dispensait de toute procédure ultérieure soit la partie, lorsque la preuve était à la charge de l'accusation comme dans la procédure qui porte ce nom, soit le juge ou le ministère public, quand la poursuite avait lieu d'office. On comprend dès lors, que l'aveu fut poursuivi avec ardeur, dans tout procès criminel.

De fait, il était presque toujours obtenu de gré ou de force, et il forme la base de presque toutes les condamnations ; il était souvent spontané ou arraché à l'accusé par les habiletés de l'interrogatoire ; quand il n'était pas volontaire, le juge n'hésitait pas de recourir à la contrainte. Nous avons vu que les moyens pour l'obtenir étaient variés, que le suprême était la question ; mais avant d'arriver à cette voie extrême, le juge en dehors de ses surprises et de ses carresses, en avait d'autres moins cruels peut-être et plus lents, mais toujours aussi efficaces. Les souffrances, la gêne corporelle, la détention et même la privation de nourriture étaient journellement employées et même conseillées par des juristes (1) aux juges, pour obtenir cette preuve précieuse de culpabilité qui faisait foi entière contre son auteur et qui évitait les formalités et les retards de la procédure postérieure.

Les juges du Moyen-Age ne se faisaient pas faute de recourir aux moyens les plus violents pour obtenir de l'inculpé ce précieux témoignage. Peu leur importait la sincérité de cet aveu, arraché le plus souvent par la crainte ou par la douleur. Cependant, une certaine honte de cette barbarie faisait dénaturer, dans les actes de procédure, la nature de l'aveu. Alors qu'il est certain, que presque toujours on l'obtenait à la suite de la torture, les registres des Parlements, et les monuments qui nous conservent les procès de cette époque, disent toujours que l'inculpé a confessé ou avoué son crime sans contrainte et de bonne volonté. C'est qu'en effet, l'aveu arraché par la torture elle-même n'avait d'efficacité que s'il était confirmé par un aveu postérieur, lors de l'interrogatoire sur le matelas où le juge questionnait l'inculpé ; s'il ne réitérait pas son aveu, on repassait l'accusé à la question.

Il était bien rare que l'aveu ne fut pas ainsi obtenu, et il fallait que l'inculpé ait un caractère bien solidement trempé pour résister à cette coercition. Cet aveu ainsi extorqué, du moment qu'il était corroboré par des preuves ne résultant pas uniquement de la volonté de l'accusé, faisait preuve complète contre lui : ainsi l'aveu appuyé même d'une présomption liait le juge

---

(1) Bernard Gui, *Pratique*, V° partie, form. 13. p. 302.

qui se trouvait forcé d'en déduire les conséquences.

Notre législation moderne a conservé à l'aveu toute la force probante qu'il porte en lui, mais elle a abandonné l'appréciation de sa valeur morale au juge. Les conséquences légales, qui résultaient nécessairement de l'aveu dans notre ancienne législation, sont effacées : l'inculpé n'est plus nécessairement coupable par le seul fait qu'il a avoué, le juge doit apprécier la valeur de son aveu, en peser les causes, en examiner les termes et lui accorder ou lui refuser sa confiance. En effet, s'il n'est pas vrai de dire avec Jousse (1) : « que l'aveu est la plus complète des preuves qu'on puisse avoir en matière criminelle, et qu'elle doit former une conviction complète dans l'esprit du juge », il ne faut pas non plus adopter cette sentence de Quintilien que : « tout aveu par sa nature doit être considéré comme l'œuvre d'un fou (2). » Entre ces deux opinions : qu'il faut toujours croire l'aveu de l'inculpé, parce que c'est la preuve la plus complète, et qu'il ne faut jamais en tirer profit, parce qu'il est nécessairement l'œuvre d'un fou, entre ces deux extrêmes, il y a place pour une appréciation du juge, qui décidera suivant les cas et après un examen réfléchi, si l'aveu qu'il a recueilli est sincère et s'il peut en toute confiance y ajouter foi pour former sa conviction.

Il résulte de la nature de l'aveu, contrairement à ce que dit Quintilien, une présomption de vérité qui fait

______

(1) Jousse, op. cit., t. I, p. 673.

(2) « Ex natura est omnis confessionis ut possit videri demens qui confitetur de se », Quintilien, n° 314.

que cet aveu doit être nécessairement un élément de preuve. La loi morale qui conduit la conscience de l'homme, en même temps qu'elle nous porte à aimer et à nous glorifier des actions belles ou bonnes que nous pratiquons, nous conduit au contraire à cacher et à détester nos propres actes qui sont contraires à notre conscience. Aussi, quand un homme avoue qu'il est l'auteur d'une action immorale, cette déclaration emporte avec elle la présomption qu'il dit vrai, car il n'est point dans la nature humaine de subir volontairement l'imputation d'un fait honteux en l'absence de tout intérêt et quand cette imputation est mensongère. L'aveu d'une mauvaise action commande donc quelque confiance, par cela seul qu'il n'y a pas lieu de présumer que celui qui avoue a commis un mensonge pour s'avilir aux yeux de ses semblables. Il lui a même fallu un effort pour surmonter la répugnance instinctive qu'il avait à parler.

Cette force qui lui a été nécessaire pour surmonter cet obstacle, il l'a puisée dans ce qu'il y avait de meilleur dans tout son être, dans sa conscience troublée, qui lui a conseillé l'aveu comme un remède souverain à ses remords. En proie aux troubles qui le dominent et qui l'agitent, cédant au cri de sa conscience et à cet impérieux besoin de vérité que tout homme connaît, il fait l'aveu de sa faute, et il semble que cet aveu lui rend le calme et la paix qu'il avait perdus. La peine publique, qu'il s'expose ainsi à recevoir, lui semble une punition suffisante à l'expiation de son crime et l'aveu qu'il en a fait le soulage de ses angoisses. C'est là le motif de la présomption de vérité qui dans toutes les législations s'est attachée à l'aveu.

Mais cette présomption, bien que fondée sur la nature de la conscience humaine et appuyée sur de nombreuses observations, a trouvé de tous temps de sérieux adversaires. « Nemo auditur propriam turpitudinem allegans ». « Nemo auditur perire volens ». Tels sont les adages qui résument la théorie en défaveur de l'aveu. Celui qui avoue peut avoir un intérêt supérieur à la peine qu'il encourt et qu'il subira par suite de son aveu. Un prévenu peut faire une déclaration mensongère, par suite d'un dérangement d'esprit, pour obtenir une somme importante qui lui a été promise par un tiers, ou pour recueillir des intérêts éventuels, pour préserver un ami de la poursuite engendrée par le fait incriminé, soit enfin pour se dérober à une poursuite plus grave. Il y a encore d'autres causes qui poussent parfois des innocents à s'accuser d'un crime dont ils sont soupçonnés : la crainte inspirée par le juge et l'apparat de la Justice, la détention prolongée, la mise au secret, la contrainte morale ont même fait avouer à des inculpés des crimes imaginaires.

L'aveu n'emporte donc pas, dans tous les cas, une certitude complète du fait avoué. Lorsqu'il provient d'un inculpé sain d'esprit, qu'il est prouvé qu'il n'a aucun intérêt à faire une déclaration mensongère, que les faits qu'il avoue concordent avec les indices recueillis par l'instruction, enfin lorsqu'il n'a parlé sous l'empire d'aucune suggestion, d'aucune influence étrangère, il y a lieu d'accorder à ses aveux une foi entière. Ce qui ne veut pas dire que l'aveu ainsi formé soit une preuve légale, comme dans notre ancien droit, et force le juge d'y ajouter foi en enchaînant sa conviction ; ce caractère de l'aveu a été complètement effacé dans notre législation moderne. L'aveu est toujours un moyen de preuve offert au juge d'instruction pour se former une conviction, mais cette preuve ne le lie plus. On peut encore invoquer devant lui, en faveur ou en défaveur de l'aveu, toutes les causes et raisons qui appuient ou combattent sa sincérité ; cette discussion présentera même au juge l'avantage de lui faire apprécier la valeur de l'aveu et le compte qu'il doit en tenir. Mais, alors même que l'aveu réunit toutes les conditions nécessaires à sa sincérité, il ne lie pas le juge ; il dépend encore de ce dernier, de lui accorder ou de lui refuser sa confiance. L'aveu ne constitue plus une preuve légale, c'est un simple moyen de preuve qui sert à l'instructeur pour former sa conviction, et que le juge peut admettre ou exclure en suivant le seul caprice de sa volonté.

Notre Code d'instruction criminelle ne fait en aucun endroit mention de l'aveu de l'inculpé, mais ce n'est pas à dire pour cela qu'il faille le négliger comme moyen de preuve, qu'on ne doive en tenir aucun compte. Le juge d'instruction, en vertu de son appréciation souveraine, a le droit de s'en servir comme moyen de preuve, comme d'ailleurs de tous les indices et de tous les éléments qui peuvent parvenir à lui former une conviction. C'est en somme ce que l'on appelle le principe de la preuve morale, qui n'impose au juge aucun élément de conviction, mais qui n'en exclut aucun. C'est une des preuves ou présomptions au moyen desquelles le juge arrive à se convaincre et le législateur lui-même ne pourrait pas enlever à un fait pareil ses conséquences morales et son caractère probant. Il ne pourrait pas non plus effacer dans l'esprit du juge l'influence qu'il y aurait laissée, l'effet qu'il y aurait produit, sans faire revivre l'ancienne théorie des preuves légales, c'est-à-dire sans demander compte au juge de sa conviction et sans exiger de lui le détail de son opinion.

Il n'en est pas ainsi, et l'aveu n'est en réalité qu'un des mille incidents qui servent à former l'idée personnelle de l'instructeur. Le même principe doit également donner la solution d'un autre problème de l'ancienne jurisprudence ; à savoir si l'aveu est indivisible en matière criminelle comme en matière civile. L'opinion la plus générale était que les déclarations de l'accusé pouvaient être divisées ; que si par exemple, en avouant avoir commis un homicide, il ajoutait l'avoir commis dans le cas de légitime défense, le juge pouvait tenir compte de cet aveu d'homicide, en négligeant l'excuse, si cette dernière ne lui paraissait pas prouvée. Quelques légistes proposaient cependant une distinction : si l'aveu de l'inculpé était l'unique preuve du crime, elle devait être prise dans son entier et sans pouvoir être scindée, mais s'il existait d'autres indices, il était permis d'en prendre une partie et de rejeter l'autre. D'autres auteurs rejetaient toute division de l'aveu. Bornier disait : « Ces confessions ne doivent pas être divisées, c'est-à-dire prises en partie et rejetées en partie, mais le juge doit les prendre toutes entières, en la forme dans laquelle elles sont reçues, autrement, ce serait incliner plutôt à la condamnation qu'à la justification du criminel, et si cela est ainsi observé en matière civile, il le doit être à plus forte raison en matière criminelle, qui est de plus forte importance. »

On comprend cette diversité de doctrine sous une législation où, l'aveu constituant une preuve légale, il était nécessaire d'en régler scrupuleusement les effets. Aujourd'hui, toute difficulté a disparu. L'aveu en matière criminelle est essentiellement divisible; élément de la conviction intime du juge, il appartient à ce dernier de l'apprécier dans toutes ses parties, de l'adopter en totalité comme de la rejeter en entier ou partiellement. Aucune règle ne peut enchaîner la preuve morale : elle se puise dans toutes les opérations de la procédure, dans toutes les déclarations faites à l'instructeur, dans les dénégations comme dans les aveux du prévenu. Dans chaque preuve, dans chaque indice, elle fait la part de ce qui lui paraît vrai et de ce qui lui paraît invraisemblable ; elle divise, elle admet, elle rejette, et c'est de ce travail intérieur de l'intelligence que se forme l'intime conviction, seule base de tous les jugements criminels.

Cette doctrine a été maintes fois consacrée par des arrêts de la Cour de cassation qui peuvent se résumer dans celui-ci : « les principes du droit civil ne font pas obstacle, à ce que chacun des aveux consignés dans un interrogatoire, qui présente une série de demandes et de réponses et renferme autant de propositions distinctes qu'il y a de questions posées et de réponses corrélatives, soit séparé des aveux qui précèdent ou qui suivent, de telle sorte que le juge adopte les uns et repousse les autres ; que cela est vrai surtout lorsqu'il est reconnu que l'aveu formel sur un point présente sur un autre des variations, des contradictions éclairées ou démenties par d'autres preuves (1). »

 Avant d'en finir avec l'aveu, il nous reste à faire à ce sujet plusieurs observations. D'abord, nous croyons que la divisibilité de l'aveu doit cesser en matière criminelle, toutes les fois que cette divisibilité serait contraire aux principes du droit civil, par exemple, lorsque le fait qu'il s'agit de prouver est une convention dont la loi civile a soumis la preuve à des conditions particulières. Par exemple, à l'égard des faits qui ne peuvent être prouvés que par la production d'un acte écrit ; la loi, qui a déterminé le genre de preuve auquel ils sont assujettis, étend son empire sur la procédure criminelle comme sur la procédure civile ; elle doit être respectée et observée par le juge criminel, même dans le cas où le fait autorisé par la loi civile se liant par des rapports nécessaires et absolus au fait puni par la loi pénale, la preuve du fait criminel ne peut être établie que par la preuve du fait civil et doit en être la conséquence. C'est ainsi que la règle posée par les articles 1356 et 1924 du Code civil, concernant la division de l'aveu en matière de remise de blanc-seing, doit être observée devant la jurisprudence criminelle toutes les fois que

(1) Arrêt de cassat., 12 avril 1844, Bulletin n° 137.

la preuve du fait incriminé est subordonnée à la preuve du fait civil ; et même dans cette hypothèse, l'aveu pourrait être apprécié et même divisé s'il ne constituait pas la base unique de la décision ; dans ce cas, cette appréciation ne porte aucune atteinte au principe de l'indivisibilité de l'aveu (1). C'est ce qui résulte de la jurisprudence de là Cour de cassation.

Une seconde observation que nous ferons, a trait à l'emploi que le juge du fond doit faire de l'aveu obtenu par le juge d'instruction à l'information. La juridiction de jugement, qu'elle soit le tribunal correctionnel ou la cour d'assises, pourra-t-elle se baser sur l'aveu obtenu pendant l'instruction pour rendre son jugement ? Si l'aveu obtenu pendant la procédure préparatoire n'est pas réitéré à l'audience, les juges du fond ne doivent y avoir aucun égard, parce que ce n'est pas dans la procédure écrite, mais dans la procédure orale qu'ils doivent puiser les éléments de leur conviction. L'instruction menée par le juge, avant que l'affaire soit mise en jugement, a uniquement pour but de former l'opinion de l'instructeur et de lui permettre de prononcer sciemment sur la mise en liberté, ou le renvoi de l'inculpé devant un tribunal.

L'aveu de l'inculpé devant le juge d'instruction peut être un des éléments de la mise en prévention, mais non du jugement lui-même. Et c'est pour cette raison que l'on a vu des arrêts de la Cour suprême rejeter des pourvois basés sur ce motif que l'aveu, fait pendant

______

(1) Arrêt de cassat., 10 juillet 1850. Bullet.

l'instruction préparatoire, n'avait pas été reproduit devant la juridiction de jugement : le défaut de reproduction de cet aveu au cours des débats n'impliquait pas la nullité du jugement, parce que n'étant pas renouvelé à l'audience, cet élément de preuve échappait à l'examen et à l'appréciation des juges et que leur jugement, n'ayant pas à s'en occuper, n'était point basé sur lui.

TROISIÈME PARTIE

MOYENS DE COERCITION MIS A LA DISPOSITION DU JUGE D'INSTRUCTION

L'interrogatoire de l'inculpé et les confrontations terminent l'instruction préparatoire proprement dite ; c'est à ce moment que la conviction du juge est formée, et c'est à cet instant que, dans la marche normale d'une affaire, l'instructeur décerne contre l'inculpé les mandats qui le mettent en prévention, en attendant le jugement.

C'est l'arrestation et ses formes variées, la détention préventive et les différentes modifications que la loi de 1897 y a apportées, les divers mandats qui donnent lieu à l'arrestation, l'interdiction de communiquer ou mise au secret ; en un mot, tous les moyens de coercition qui appartiennent au juge d'instruction, comme sanction de son pouvoir et de ses droits, que nous allons étudier dans la dernière partie de ce travail.

CHAPITRE PREMIER

ORIGINE ET NATURE DE L'ARRESTATION

SECTION I. — HISTORIQUE DE L'ARRESTATION

L'arrestation est l'acte le plus important de l'instruction préparatoire, parce qu'à partir de ce moment, où l'inculpé est mis en état de détention, les soupçons qui planaient sur sa personne se sont coordonnés pour donner lieu à une prévention plus formelle ; tandis que jusque là, l'instruction avait pu échapper à la connaissance de tous, l'arrestation en publie l'existence et fait peser sur le prévenu une présomption de culpabilité. C'est elle qui crée un commencement de poursuite, et l'inculpé qui, jusqu'à ce moment ne peut être inquiété, devient le prévenu. L'arrestation, organisée chez nous par le Code d'instruction criminelle sur le modèle de notre ancienne législation, a reçu quelques modifications de la loi de 1897. Avant d'examiner et d'étudier cette matière, nous en repasserons rapidement l'historique.

Si l'on en croit nos anciens commentateurs (1), la

(1) Voy. notamment Ayrault, liv. III, 2ᵉ partie, nº 28.

législation romaine admit pendant longtemps, que l'accusé devait jouir de sa liberté jusqu'à sa condamnation. Mais ce principe trop libéral tendit à se restreindre peu à peu, et la détention préalable se trouva bientôt établie. Quant au mode d'exécution, il variait suivant l'arbitraire du juge qui n'avait en cela d'autre mesure, que la nature de l'accusation, les charges qui pesaient sur l'accusé, l'aveu que celui-ci avait fait de sa faute ; il tenait compte également du rang et de la dignité de l'accusé. Suivant ces différents cas, l'inculpé était enfermé dans une prison ou simplement confié à des gardes ; parfois, on le laissait en liberté (1), à la condition qu'il fournit des fidéijusseurs ou sur sa simple promesse de se représenter (2). En général, l'accusé était laissé maître de sa liberté, il était soumis à une simple surveillance, et n'était placé réellement en détention que lorsque le titre d'accusasation était si grave que toute autre mesure eut été insuffisante (3), et même dans ce cas, il fallait qu'il y eut certains indices constatés par le juge, et que ces indices fussent graves.

La loi romaine présentait, à l'égard de la détention des femmes, une particularité due à une novelle de l'empereur Justinien. Elles étaient en général exemptées de la détention, même pour les attentats très graves. C'est seulement lorsque l'accusation avait pour objet un crime énorme, qu'elles étaient soumises à la déten-

(1) L. I. Digeste, de custodia reorum.
(2) Id.
(3) Ulpien, l. 3. Dig., de custodia reorum.

tion préalable. Encore cette détention était-elle toute spéciale ; on se contentait de les enfermer dans un couvent ou de les faire garder par des femmes.

Tout ce qui a trait à la détention dans notre ancien droit a fait l'objet de mesures très précises parmi lesquelles notre législateur a puisé les principales règles de son œuvre. La différence essentielle qui existe entre notre législation moderne et celle du Moyen-Age à ce point de vue, c'est que chez nos prédécesseurs, l'arrestation était la première période de la procédure préparatoire ; le décret qui y donnait lieu était la première ordonnance que rendait l'instructeur. Chez nous, au contraire, dans la marche normale des choses, le mandat qui met l'inculpé en état de prévention n'est que la résultante, la conclusion de la procédure d'instruction. Le juge, dès qu'il a acquis la conviction de la culpabilité de l'inculpé, décerne contre lui un mandat qui le prive de sa liberté. Sans doute, dans la pratique, certains mandats sont décernés dès le début de l'instruction, mais d'après la marche normale, l'arrestation ne doit avoir lieu que pour couronner l'instruction dont elle est le résultat.

Dans notre ancien droit, l'arrestation opérée dès le début, en vertu d'une ordonnance nommée décret plaçait l'inculpé *inter reos* (1).

Il y avait trois sortes de décrets. Le décret *d'assigné pour être ouï*, correspondant assez bien à notre mandat de comparution et qui obligeait simple-

______

(1) Voy. pour l'historique, Faustin Hélie, Glasson, Trébutien, Esmein, etc. *op. cit.*

ment l'assigné à comparaître devant le juge qui devait
recevoir sa déposition sur les faits résultant des charges
et informations. Ce décret fut créé par l'Ordonnance
de 1670 ; il n'impliquait aucune privation de liberté.

Le décret *d'ajournement personnel*, avec lequel notre
mandat d'amener a quelques traits de ressemblance,
impliquait pour la personne décrétée l'obligation de se
présenter devant le juge pour subir un interrogatoire
sur les faits incriminés. Une troisième sorte de décret,
le décret *de prise de corps*, que l'on peut comparer à
nos mandats de dépôt et d'arrêt, ordonnait que la
personne accusée serait arrêtée et mise en état de
détention. C'était le juge qui choisissait parmi ces trois
décrets en vertu de son pouvoir d'appréciation ; il se
guidait dans son choix, sur la gravité du fait incriminé,
la qualité des personnages et le degré des preuves.
C'est ainsi, qu'ordinairement le premier décret, celui
d'assigné pour être ouï, était ordonné contre les personnes d'un rang élevé pour les sauver de la détention, même dans les cas où elles étaient accusées d'un
crime (1); ou bien, contre toute personne accusée,
même d'un délit grave, lorsqu'il n'y avait pas contre
elles de preuves ou d'indices considérables (2); et
enfin contre toute personne, pour des faits n'entraînant
pas de peines afflictives et infamantes, mais passibles
cependant de peines plus fortes que les peines pécu-
niaires.

(1) Jousse, t. II, p. 164.
(2) Serpillon, t. I, p. 554.
(3) Muyart de Vouglans. *Lois criminelles*, p. 625.

Quand la personne assignée en vertu de ce décret ne ne présentait pas, le décret d'assignation pour être ouï était changé en décret d'ajournement personnel, et c'était un premier cas d'application de ce second décret (1). On appliquait encore le décret de comparution ou d'ajournement personnel pour des faits assez graves, commis par des personnes d'un rang élevé, que l'on ne pouvait décréter par corps, en considération de leur haute position. Muyart de Vouglans dit qu'on l'employait encore : « toutes les fois que les charges et informations paraissent trop fortes pour ne prononcer qu'un assigné pour être ouï et ne le paraissent pas assez pour faire décerner un décret de prise de corps. »

Ces deux décrets d'assigné pour être ouï et de comparution personnelle n'emportaient en aucune manière l'arrestation de l'inculpé, et même après les opérations de l'information; ils ne pouvaient être transformés en décret de prise de corps, à moins de charge nouvelle recueillie contre l'inculpé. C'est ce que dit en termes très nets l'article VII du titre X de l'ordonnance de 1670. L'ajourné demeurait donc en état de liberté pendant toute l'instruction, sauf la survenance de ces charges nouvelles et sauf le droit des Cours de Parlement d'ordonner son arrestation. Malgré la bégninité de cette mesure, le décret d'ajournement personnel devait énoncer en lui-même la nature du fait incriminé et les motifs de l'arrestation.

Le décret de prise de corps, le dernier qu'il nous

(1) Ordon, de 1670, tit. X, art. 3.

reste à examiner, était décerné en général, toutes les fois que le juge pensait qu'il y avait intérêt à mettre l'accusé sous la main de la Justice, et cela en vertu de son pouvoir général. Mais une règle certaine, posée par l'Ordonnance de 1670, défendait de décréter par corps, les domiciliés d'une façon fixe, sauf pour les faits importants punis d'une peine afflictive et infâmante. En fait, la plupart des châtiments entraient dans cette catégorie, et c'est pourquoi le décret de prise de corps peut être considéré comme la règle générale à cette époque.

Jousse, en dehors de cette condition, que le fait incriminé emportât une peine afflictive et infâmante, exigeait que la preuve du fait fut suffisante pour justifier une pareille mesure. Il exige de plus que le juge tienne compte de la personnalité de l'inculpé, et qu'il se montre moins sévère pour ceux qui occupent une position élevée, par égard à leur dignité. Les crimes légers : « tels que sont les rixes et simples batteries, » ne doivent jamais donner lieu selon lui, au décret de prise de corps ; mais les crimes capitaux l'entraînent toujours avec eux, quelque soit la qualité, la dignité, le sexe et le domicile de l'inculpé ; cependant, les domiciliés ne doivent jamais, selon lui, être décrétés de corps, si ce n'est pour crimes graves (1).

Comme on le voit, l'application des décrets dépendait en grande partie de l'arbitrage du juge qui devait y

____

(1) Jousse. — T. II, p. 193.

apporter sans doute une grande circonspection, et user de toute la prudence nécessaire, mais qui en fait se trouvait seul dépositaire de ce droit redoutable. Avant de décréter une personne, il devait, de l'avis de tous les juristes, examiner attentivement les preuves invoquées contre elle et tenir compte aussi de la qualité et de la dignité de cette personne, sauf cependant quand il s'agissait d'un crime public. « La prison, disait Jousse, est un mal irréparable à cause de sa rigueur et du déshonneur qui s'y attache ; le juge doit l'éviter autant que possible, car en la décrétant, il court le risque d'être pris à partie » (1).

Ce pouvoir général des juges de lancer les décrets, était d'ailleurs restreint par deux règles qui avaient pour objet de tempérer ce pouvoir, en les astreignant à ne décerner les décrets que d'une part sur les réquisitions de la partie publique, et d'autre part après l'examen de l'information.

La première de ces règles était formulée dans l'article 1 du titre x de l'Ordonnance de 1670 : « Tous décrets seront rendus sur les conclusions de nos procureurs ou de ceux de nos seigneurs. » Cette règle commune à tous les décrets, exigeait les conclusions des procureurs du Roi, ou celle des procureurs des seigneurs, et cette nécessité était telle, que si ces procureurs, pour une raison quelconque, se trouvaient empêchés de conclure, le juge devait nommer à leur défaut un procureur du siège, qui devait donner son

____

(1) Jousse. — T. II, p. 214.

réquisitoire aux lieu et place des premiers (1). Les exceptions à cette règle étaient assez rares.

La seconde règle, imposée aux magistrats, était la nécessité où ils se trouvaient, d'examiner les charges et preuves avant de décréter : ils ne devaient décerner de décrets que sur le vu des charges et informations. Ils examinaient la qualité des preuves, c'est-à-dire : « si les témoins, qui ont déposé contre l'accusé dans l'information, sont de telles qualités ou conditions qui les mettent au-dessus de tout soupçon, s'ils ne sont point tombés en contradiction dans leurs dépositions, et enfin, si ces dépositions réunies sont suffisantes pour faire soupçonner violemment l'accusé d'être l'auteur du crime (2). »

Telle était en 1791 l'état de notre législation : l'Assemblée constituante réforma ces institutions ; elle rendit le juge de paix compétent pour décider s'il y avait lieu d'arrêter l'inculpé ou de le renvoyer devant la police municipale, ou enfin de le remettre en liberté immédiatement. Elle définit en même temps le mandat d'amener et le mandat d'arrêt dont l'exercice appartenait au juge de paix. Le mandat d'amener est celui décerné par un officier de police de sûreté pour faire comparaître les prévenus de crimes ou de délits. Le mandat d'arrêt est celui délivré par les mêmes officiers ou par le juge, qui après avoir entendu l'inculpé, trouve qu'il y a lieu de le poursuivre crimi-

----

(1) Muyart de Vouglans. — Instruct. criminelle, p. 302 et suiv.
(2) Muyart de Vouglans.   Id.   p. 302.

nellement, pour faire conduire cet inculpé à la maison d'arrêt du district du lieu du délit.

Le Code de brumaire an IV décide que le juge de paix sera compétent, dans tous les cas, pour décider du sort de l'inculpé ; il maintient les mandats d'amener et d'arrêt, qui sont dans tous les cas décernés par le juge de paix et crée une troisième sorte de mandat, le mandat de comparution : « Lorsque le délit est de nature à n'être puni que d'une amende au-dessus de la valeur de trois journées de travail, il ordonne au prévenu de comparaître à jour fixe devant le directeur du jury. Cet ordre se nomme mandat de comparution » (article 69). Le Code ordonne la mise en liberté quand le fait incriminé n'est pas susceptible d'entraîner une peine de deux journées de travail au maximum, dans les autres cas d'arrestation, le même Code ordonne la mise en liberté provisoire moyennant caution.

La loi de pluviôse an IX vint ajouter quelques dispositions nouvelles aux législations précédentes, et créa le mandat de dépôt : « Le substitut, devant lequel le juge de paix ou les officiers de police ont fait amener un individu contre lequel pèsent des charges suffisantes, décerne contre lui un mandat de dépôt sur l'exhibition duquel le prévenu est reçu et gardé dans la prison placée près le tribunal d'arrondissement. Il en avertit le directeur du jury qui statue alors sur le sort de l'inculpé arrêté. » C'est la seule innovation apportée par cette loi ; ce mandat de dépôt provisoire dans l'esprit du législateur, comme l'indique son nom, puisqu'il est décerné par le ministère public dans certains cas, ne peut être prononcé d'après cette législation par le juge lui-même, puisque son seul but est de permettre que ce juge prenne connaissance des pièces du procès, afin qu'il puisse se prononcer sur la mise en prévention sans commettre d'erreur.

Le Code d'instruction criminelle a modifié ces dispositions, en les reproduisant, et les textes du Code concernant l'arrestation, ses éléments et les modifications que peut supporter la prévention, ont été remaniés à trois reprises différentes.

Nous examinerons le système primitif du Code, puis les modifications successives que ce système a subies et nous verrons ensuite dans le détail le fonctionnement de la législation actuelle.

SECTION II. — LÉGISLATION ACTUELLE. — LOI DE 1897

C'est le juge d'instruction qui a chez nous le droit de faire comparaître l'inculpé devant lui et de le constituer en état de détention. Ces opérations, il les effectue en vertu d'ordonnances ou mandats. Le mandat est donc un ordre, émanant du juge d'instruction, contre un individu inculpé d'un crime ou d'un délit, et qui a pour effet de l'amener en sa présence pour subir un interrogatoire ou de le placer sous la main de la Justice.

Les mandats sont rarement délivrés en matière de simple police, on ne les emploie généralement que pour les incriminations délictueuses ou criminelles.

Notre législation a pris dans toutes celles qui l'ont précédée quatre sortes de mandats : les mandats de comparution et d'amener, les mandats de dépôt et d'arrêt. Les deux premiers remplacent l'ancien décret pour être ouï et ne supposent aucunement la culpabilité ou la prévention ; les deux derniers, qui remplissent l'office du décret de prise de corps, supposent une présomption en défaveur de l'inculpé et constituent la prévention. L'ancien décret d'ajournement personnel n'a pas reçu d'équivalent dans notre Code ; ce décret, tout en maintenant l'inculpé à la disposition du juge, ne le mettait pas en état de détention. Le mandat, qui a le plus de traits de ressemblance avec cet ancien décret, est notre mandat d'amener, mais il ne peut se prolonger au-delà de l'interrogatoire, et le décret d'ajournement personnel demeure sans véritable équivalent dans notre procédure criminelle.

Quand le fait incriminé est passible de peines correctionnelles, le juge lance un mandat de comparution en vertu duquel l'inculpé doit se présenter devant lui pour répondre à ses interrogations. Ce mandat doit être notifié avec l'heure et le lieu de comparution à l'inculpé ; s'il obéit au mandat, il doit être interrogé immédiatement.

Le juge ne décerne de mandat d'amener que lorsque l'inculpé n'est pas domicilié, ou lorsqu'il n'a pas obéi au mandat de comparution qu'il a reçu, ou enfin, lorsque le fait poursuivi n'est pas passible de peines correctionnelles, mais de peines afflictives et infamantes. Le mandat d'amener est une ordonnance qui oblige tous huissiers et agents de la force publique, à amener devant le juge l'individu mandé pour être interrogé sur les faits dont il est accusé. Dans ce cas, l'inculpé doit être interrogé dans les vingt-quatre heures au plus tard.

Ces deux mandats de comparution et d'amener précèdent nécessairement les mandats qui mettent l'inculpé en état de détention, dans la marche normale d'une instruction, pour la raison que nul ne peut être mis en état de détention sans avoir été interrogé. Si, dans cet interrogatoire, où l'inculpé a été mis à même de fournir ses moyens de défense et ses explications sur les charges qui résultent de l'information, il n'a pas détruit ces charges; si sa défense les laisse subsister, il appartient au juge d'apprécier, dans la plénitude de son pouvoir, s'il est nécessaire de constituer l'inculpé dans l'état de détention. S'il décide l'affirmative, il décernera un mandat de dépôt ou un mandat d'arrêt.

Ces dispositions très générales, que nous venons de voir, sur les mandats ont été modifiées à trois reprises. En 1855, la loi du 4 avril se borna à décider que dans l'instruction, le juge pourrait, sur des conclusions favorables du ministère public, donner main-levée de tout mandat de dépôt, pourvu que l'inculpé s'engageât à se représenter à tous les actes de la procédure. La loi du 14 juillet 1865, plus formelle et plus étendue, décida que le juge pourrait donner main-levée non seulement des mandats de dépôt mais aussi des mandats d'arrêt. Elle lui permettait en même temps de ne décerner qu'un simple mandat de comparution contre les inculpés de crime, de même que contre les inculpés de délit, sauf à convertir postérieurement à l'interrogatoire ce mandat en tel autre qu'il appartiendra. Elle donnait encore au juge le droit de mettre l'inculpé en liberté, à tout moment de la procédure, sur sa demande et sur le vu des conclusions favorables du Procureur de la République, à charge pour lui de se représenter à tous les actes de la procédure. Enfin, la loi de 1865 apportait cette innovation : qu'en matière correctionnelle la mise en liberté serait de droit, cinq jours après l'interrogatoire, en faveur du prévenu domicilié, si le maximum de la peine prononcée pour le délit prévu était de deux ans d'emprisonnement.

La loi du 8 décembre 1897 vint aussi innover en matière de détention préalable. D'abord, en ce qui concerne l'individu arrêté en vertu d'un mandat d'amener, il devra être interrogé au plus tard dans les vingt-quatre heures du moment de son arrestation, à défaut de quoi sa mise en liberté est nécessaire ; nous verrons plus loin quelles sanctions le législateur a posées à cette obligation. La nouvelle loi modifie assez profondément la procédure organisée, dans le cas où un individu est arrêté à une distance assez considérable du lieu où réside le magistrat signataire du mandat.

L'interdiction de communiquer a été aussi presque complètement bouleversée par la loi de 1897. Cette interdiction de communiquer ou mise au secret, dont nous n'avons pas parlé jusqu'ici, est une mesure très rigoureuse, en vertu de laquelle le juge d'instruction pouvait, lorsqu'il le croyait utile, empêcher toute communication du dehors avec l'inculpé. Ce dernier, enfermé seul et privé de toute relation, devait dans l'esprit du législateur se laisser aller au désespoir, à l'abandon, et à avouer ensuite les faits dont il était accusé. En fait, ce moyen barbare et cruel, vestige de la torture du Moyen-Age, était cause de catastrophes toujours regrettées. Les exemples sont nombreux des personnes faibles et nerveuses qui, pour échapper à la claustration et à l'épouvante de la solitude, s'accusèrent de crimes imaginaires et furent condamnées pour des faits qu'elles furent ensuite reconnues n'avoir jamais commis. Cette mesure d'ailleurs prise en horreur par la plupart de nos juristes, souillait de sa présence notre législation, et elle fut certainement un des chefs capitaux qui ont amené cette réforme de la loi de 1897. Si elle existe encore dans notre Code, et nous verrons plus loin, dans quelle faible mesure, c'est plutôt à l'état de souvenir.

La loi de 1897 vint encore modifier la législation existante au point de vue de la mise en liberté provisoire de l'accusé. Une situation particulière était faite aux inculpés dont l'affaire, en suspens devant une Cour d'assises, était renvoyée à une session postérieure de la même Cour : le prévenu demeurait en état de détention, et le retard apporté dans le jugement de l'affaire prolongeait ainsi une détention parfois injuste. Or, d'après une jurisprudence constante, la mise en liberté provisoire ne pouvait être prononcée que par une juridiction d'instruction ; par conséquent, après l'arrêt de renvoi devant la Cour d'assises, il n'y avait plus pour le prévenu de liberté provisoire possible. Cette situation fâcheuse trouva de nombreux défenseurs, et la loi de 1897, qui innovait plusieurs mesures libérales en faveur de la défense, ne manqua pas de décider que la liberté provisoire pourrait dans ce cas être prononcé par la Cour d'assises elle-même, bien que juridiction de jugement.

Ces diverses modifications faites au Code et surtout la dernière loi, marquent une marche ascendante vers un horizon de libéralisme envers la défense. Cette tendance à restreindre le plus possible les emprisonnements préalables, sans gêner tontefois l'exercice de la Justice, est une mesure excellente au point de vue de l'exemple. La suppression complète ou presque complète de la mise au secret est aussi une mesure dont nous ne saurions trop nous féliciter. Notre législation était la seule qui eut gardé une mesure aussi barbare contre des inculpés peut-être innocents. Nos voisins s'en étonnaient hautement, témoin cette phrase de Stephen, sur notre procédure criminelle : « Garder un homme en prison et l'interroger jusqu'à ce qu'il soit amené à avouer n'en est pas moins une vraie torture, bien que le moyen soit prolongé au lieu d'être aigu (1). »

Malheureusement cette loi de 1897, qui est pour notre droit criminel le début d'un essor vers les aires de libéralisme que certaines législations étrangères connaissent depuis longtemps, a été sérieusement motivée chez nous.

____

(1) Stephen, *History of the criminal law*, vol. 1, chap. XV.

Il suffit de se reporter à la discussion, devant le Sénat, de la proposition de la loi, pour voir que trop souvent le juge d'instruction se servait avec rigueur des moyens que la loi lui avait mis en main. La nouvelle loi a apporté de sérieuses réformes aux cruautés de notre Code, mais les anciens textes très vagues, qui régissent encore ces matières, laissent vivement désirer une limitation plus précise des pouvoirs du juge d'instruction. Le Code prévoit et définit les actes qui doivent être employés à l'arrestation des citoyens, il prévoit et définit à quelle série de faits doit être appliqué chacun de ces actes, sa prévoyance ne semble pas aller au-delà. Il n'indique ni la mission, ni le but de la détention préalable, ni dans quelles circonstances l'instruction doit y avoir recours. Il se borne à poser le droit du juge et ne trace pas les limites et les cas de son exercice. Cependant, il doit y avoir pour le juge d'instruction une règle de conduite en dehors de son appréciation personnelle.

SECTION III. — NATURE DE LA DÉTENTION PRÉALABLE

La détention préalable n'est pas une peine, car en dehors de la qualité de coupable, il n'y a pas de peine. C'est une mesure de sûreté prise contre la personne de l'inculpé, c'est une garantie de l'exécution de la peine, et une mesure d'instruction ; une mesure de sûreté, parce qu'en s'emparant de la personne de l'agent, on prévient ainsi toute nouvelle tentative ; une garantie d'exécution de la peine, parce que l'inculpé pourrait se dérober par la fuite au châtiment qui le menace ; enfin, c'est une mesure d'instruction, parce que la Justice puise une partie de ses preuves dans les interrogatoires et les confrontations de l'inculpé, qui seraient impossibles en son absence, et que d'autre part, on ne doit pas lui laisser la faculté de faire disparaître les traces du délit, de suborner les témoins, de se concerter avec ses complices.

Mais tout en garantissant par cette mesure rigoureuse la sureté publique, le législateur doit protéger les intérêts de la liberté individuelle en déterminant le droit et les limites de cette détention ; car, si la détention préalable rend de grands services à la Société, elle ne doit pas pour cela léser trop considérablement les intérêts particuliers aussi respectables peut-être que l'intérêt général. On ne peut nier que la détention préalable soit d'une utilité certaine, comme mesure de sureté ; en effet, dans bien des circonstances, la non-arrestation de l'auteur d'un crime flagrant donnerait peut-être lieu à des troubles regrettables ; la détention provisoire dans ces circonstances serait une condition de paix publique et une première satisfaction donnée à la conscience générale.

De même que nous l'avons dit tout à l'heure, la détention préalable est par excellence une mesure qui garantit l'exécution de la condamnation, puisqu'elle conserve l'inculpé à la disposition du juge et qu'elle évite des recherches et des frais. Mais, à ce point de vue, il faut faire une distinction entre un citoyen non domicilié et un citoyen domicilié. La prison préventive, quelqu'imméritée qu'elle soit reconnue plus tard, entraîne toujours après elle une certaine note d'infamie qui retombe sur l'inculpé, innocent ou coupable. L'inculpé, non domicilié au lieu où cette détention lui est infligée, sitôt reconnu innocent, retournera à son domicile ; d'ailleurs, sa qualité de non domicilié exige à son endroit, des mesures de précaution. Mais, le citoyen domicilié au lieu où l'instruction se déroule, devrait être protégé contre les dangers d'une détention préalable imméritée ; le juge l'a, en effet, sous sa main, il ne court aucun risque probable de le perdre ; dans ces conditions, il est regrettable que le Code n'ait pas songé à donner à ces personnes une garantie contre l'arbitraire de l'instructeur.

Sans doute, cette détention constitue un excellent moyen d'instruction, et sans elle le système inquisitorial ne serait guère pratique, puisqu'il faut à cette procédure des interrogatoires et des confrontations nécessitant la présence de l'inculpé.

Il n'y aurait plus d'instruction, si l'inculpé, libre de toute entrave, pouvait librement engager une lutte avec le juge d'instruction, rendre ses perquisitions stériles, anéantir les preuves, solliciter ou dicter de faux témoignages et organiser sa défense avec ses complices. Ce droit nous paraît indiscutable et légitime, parce que la Société a le droit de se défendre, mais en même temps, il nous paraît trop étendu et illimité. Ce droit a été établi par la nécessité ; il doit cesser d'être partout où cette nécessité n'existe plus. La nécessité

étant la raison et la mesure de son application, il faut
décider que, dès que cette nécessité n'est plus constatée,
la mesure doit être présumée inutile, et si elle est
inutile, elle n'est plus qu'un odieux abus.

Si le délit ne peut entraîner de conséquences considérables, si l'inculpé, domicilié, occupe une situation
qui, eu égard à la gravité du fait délictueux, met
l'exécution de la peine à l'abri de l'incertitude, et
sauvegarde l'instruction de toutes menées de l'inculpé,
la détention préalable devient dès lors inutile, et si
l'on appliquait cette mesure, malgré son inutilité, elle
ne serait plus qu'une violation des intérêts particuliers,
sans aucun profit pour l'ordre social ou judiciaire.
Qu'un mal réel, comme la détention préalable, soit
appliqué dans l'intérêt de la sûreté générale et de la
justice sociale, on le conçoit, mais on ne peut comprendre que dans les cas où cet intérêt n'existe pas,
dans les cas où la sûreté et la Justice ne l'exigent pas,
ce mal soit encore infligé, ce droit soit encore violé.

Le législateur aurait-il pu prévoir les principales
hypothèses dans lesquelles la question peut-être agitée,
et poser des règles précises qui dirigeraient l'instruction? C'est là chose impossible à cause de la multiplicité
des cas qui peuvent se présenter. Il était plus facile de
définir nettement le but et le caractère de la détention
et de laisser ensuite au juge d'instruction le pouvoir
de l'appliquer en se conformant au principe indiqué
par lui. C'est une appréciation individuelle qui était
nécessaire, c'est l'office du juge plutôt que celui de
la loi.

Là détention préalable doit donc être admise en principe, mais comment en faire l'application ? Nous avons vu que la loi romaine et notre ancienne législation exigeaient, pour donner lieu à cette mesure, des preuves et des indices graves qui devaient encore être contrôlés par un magistrat. Notre Code ne paraît pas être aussi exigeant, il dit seulement : « Lorsque le fait sera de nature à entraîner une peine afflictive et infamante, le procureur impérial fera saisir les prévenus présents contre lesquels il existerait des indices graves ; » et plus loin : « La dénonciation seule ne constitue pas une présomption suffisante pour décerner cette ordonnance contre un individu ayant domicile. » (article 40). Cet article est placé dans la section relative au flagrant délit, c'est-à-dire dans un cas où il y a urgence, et où le juge doit se hâter, afin d'enlever aux indices toute chance de disparaître.

A plus forte raison y a-t-il lieu d'exiger ces indices dans les cas qui ne supposent aucune urgence ; si la loi apporte cette condition à la délivrance du mandat, qui n'a pour objet que d'appeler l'inculpé devant le juge pour lui faire subir l'interrogatoire, à plus forte raison y a-t-il lieu de l'imposer aux mandats qui ordonnent l'arrestation. C'est pourquoi il faut regarder la disposition de cet article comme une règle générale qui s'étend à la délivrance de tous les mandats. Mais que doit-on entendre par indices graves ? Notre ancienne jurisprudence distinguait trois sortes d'indices : les indices violents ou nécessaires, les indices graves ou prochains, les indices légers ou éloignés. Les premiers étaient ceux qui frappent nécessairement l'esprit et la conscience du juge, qu'ils forcent à juger d'après ces indices. Les seconds ou indices graves étaient ceux qui forment dans l'esprit du juge une présomption suffisamment consistante ; quant aux indices légers, ce sont ceux qui ne font qu'une légère impression sur l'esprit du juge. Or, lors de la confection du Code, nos juristes avaient sous les yeux et dans l'esprit toute la terminologie et les classifications de nos anciens juristes ; aussi, nous semble-t-il probable, qu'ils ont voulu conserver au mot indices graves, la signification qu'il avait dans notre ancienne jurisprudence. La loi n'étant pas formelle à cet égard, et ne donnant même aucune règle certaine à cet endroit, il faut décider avec la doctrine entière, que cette règle que nous venons de poser est susceptible d'appréciation suivant la nature plus ou moins acerbe des mandats.

Il faut décider par exemple, que les indices graves exigés pour l'application des mandats d'arrêt et de dépôt, qui sont les plus conséquents et les plus redoutables des mandats, doivent être beaucoup plus graves et plus probants que les indices exigés par l'emploi des mandats de comparution et d'amener, qui sont d'une application moins dangereuse pour les inculpés qui y sont soumis. Cette variation de la gravité des preuves et des indices, correspondant à la rigueur plus ou moins croissante des mandats, est tout à fait naturelle et dans l'ordre normal des choses.

CHAPITRE DEUXIÈME

ÉTUDE DES DIFFÉRENTS MANDATS

SECTION I. — MANDATS DE COMPARUTION ET D'AMENER

Après avoir posé les principes généraux qui régissent
l'arrestation, nous allons examiner en détail, chacun
des mandats qui y donnent lieu et en sont la cause.
Les mandats de comparution et d'amener ont tous
deux le même but; ils tendent à faire comparaître
l'inculpé devant le juge d'instruction, pour lui faire
subir l'interrogatoire, mais si leur but est identique,
leurs formes et modes d'exécution diffèrent profondément.

Le mandat de comparution est une simple assignation, en vertu de laquelle le juge convoque l'inculpé à
venir lui donner des explications sur les imputations
qui lui sont faites. Ce mandat n'a aucune forme,
n'utilise aucune contrainte; le refus d'y obéir entraîne
simplement pour l'inculpé l'emploi du mandat d'amener. Ce dernier mandat au contraire exige une obéissance immédiate, qui peut être forcée par l'officier
chargé de le faire exécuter, et qui peut à cet effet
requérir l'emploi de la force publique.

La différence est facile à faire entre ces deux mandats, l'un ignoré du public ne porte aucun préjudice à l'inculpé et ne recouvre en aucune façon pour ce dernier, le caractère injurieux du mandat d'amener; de plus le mandat de comparution ne constitue pas un acte de poursuite; au contraire, le mandat d'amener est un premier acte de poursuite.

Etant données ces distinctions, il importe de savoir dans quel cas le juge d'instruction doit employer tel ou tel de ces mandats. Dans tous les cas où le fait poursuivi n'entraîne pas comme peine la privation de liberté, c'est du mandat de comparution, le plus bénin, dont doit se servir le juge d'instruction. Si au contraire le délit est passible de la peine d'emprisonnement, il faut distinguer si le maximum de cette peine est inférieur ou supérieur à deux ans, et si l'inculpé est domicilié ou non. Dans le cas où le prévenu est domicilié, et où le maximum de la peine n'atteint pas deux ans de prison, on peut considérer le mandat de comparution comme de droit, suivant certains auteurs; mais suivant nous, le juge est ici armé d'un pouvoir discrétionnaire qui n'a de règle que son seul arbitraire; sans doute c'est là chose regrettable, et il eût été facile au législateur d'y mettre bon ordre en délimitant le cas que nous supposons, et en exigeant pour celui-là l'emploi du mandat de comparution; mais aucun texte du Code ne porte pareil commandement, et le juge, en vertu de son pouvoir illimité, reste le maître d'appliquer l'un ou l'autre de ces deux mandats.

Le juge a donc selon nous la faculté d'appliquer les deux mandats de comparution et d'amener, si le délit est passible d'une peine d'emprisonnement dont le maximum est inférieur ou supérieur à deux ans de prison. Cette faculté n'est soumise à aucune règle et la loi l'abandonne complètement à la conscience de ce magistrat. Nous regrettons encore ce défaut de limite, dans l'étendue d'un pouvoir trop considérable, ici surtout où il s'exerce aux dépens de la liberté individuelle des citoyens.

Le juge d'instruction peut encore ne décerner qu'un simple mandat de comparution en matière criminelle même entraînant une peine afflictive et infâmante. Cette faculté, déniée un certain temps par la jurisprudence, fut définitivement reconnue au juge d'instruction par la loi de 1865. Cette innovation de la loi de 1865 nous paraît fort bien raisonnée ; les juristes qui refusaient de permettre le mandat de comparution au juge en matière criminelle, puisaient leur conclusion dans une comparaison entre la division des délits, en crimes, délits et contraventions et la classification des mandats. Cette comparaison n'était ni logique ni raisonnée. La classification des délits en effet, est purement arbitraire ; une contravention peut tenir en soi plus d'immoralité qu'un fait qualifié crime et inversement. D'autre part, nons avons vu que dans l'application des mandats, le juge d'instruction devait tenir compte de la moralité et de la responsabilité des agents, il faut donc admettre rationnellement, qu'il peut user du mandat de comparution en matière criminelle comme en matière correctionnelle.

Après avoir vu les cas dans lesquels le mandat de comparution est décerné, voyons dans quels cas le juge décrète le mandat d'amener. Le mandat d'amener doit être nécessairement décerné, lorsque le mandé, en vertu d'un mandat de comparution, ne s'est point présenté ; il peut l'être contre l'inculpé accusé d'un fait entraînant une peine afflictive et infâmante ou même une simple peine d'emprisonnement. En premier lieu, il suffit que l'inculpé mandé de comparaître devant le juge d'instruction, en vertu d'un mandat de comparution, fasse défaut, pour que cette désobéissance à l'ordre du magistrat lui fasse subir cette aggravation. Ce changement du mandat de comparution en mandat d'amener est une véritable punition, qui suppose par conséquent un refus d'obéissance ou de la mauvaise volonté. S'il n'en était pas ainsi, si par exemple l'inculpé n'avait pu se rendre devant le juge par suite d'impossibilité ou de maladie, cette mesure de rigueur ne devrait pas lui être appliquée.

En second lieu, le mandat d'amener peut être décerné contre toute personne accusée d'un fait entraînant une peine afflictive ou infamante, ou même une peine d'emprisonnement ; mais il faut remarquer, que le mandat d'amener, établissant l'inculpation plus nettement que le premier mandat, il est nécessaire que cette inculpation repose sur des indices plus graves et plus déterminants. En effet, plus la mesure est rigoureuse, plus les motifs de son application doivent être clairs et précis.

L'application du mandat d'amener a donné lieu à

certaines modifications de la part de la loi de 1897, notamment au point de vue de sa durée, qui ne peut excéder vingt-quatre heures à partir de l'arrestation ; nous examinerons cette question en même temps que les effets des autres mandats. Avant de passer à l'étude des mandats d'arrêt et de dépôt, nous nous demanderons si le droit de décerner des mandats de comparution et d'amener ne peut être délégué.

Nous avons vu, à propos des commissions rogatoires, que la jurisprudence admettait d'une façon générale que le juge d'instruction et tous les magistrats pouvaient déléguer les fonctions autres que celles de juridiction ; or, décerner les mandats, c'est exercer une juridiction ; les juges ne peuvent donc pas déléguer ces pouvoirs. Cette règle est posée implicitement par les articles 83 et 84 de notre Code, elle est confirmée plus loin par l'article 283, qui accorde aux procureurs impériaux et aux présidents de déléguer dans les cas où ils seraient empêchés, toutes leurs fonctions autres que le pouvoir de délivrer des mandats d'amener, de dépôt et d'arrêt contre les prévenus.

Certains auteurs, prétextant que l'article 283 ne parlait pas des mandats de comparution, ont voulu soutenir que le droit de décerner ces mandats pouvait être délégué par le juge ; mais la jurisprudence s'oppose à ce système, en disant que ces mandats étant des actes de juridiction, le juge chargé de l'instruction peut seul s'en acquitter valablement ; qu'aucune disposition légale n'autorise le magistrat à déléguer ce pouvoir, qu'il n'y a d'ailleurs aucun moyen, ni aucune raison de distinguer entre les différents mandats, puisque c'est au juge, qui a décerné le mandat de comparution, de le convertir s'il y a lieu en un autre mandat plus grave. Enfin, les mandats de comparution sont exécutoires comme les autres mandats dans toute l'étendue du territoire ; d'où l'on doit conclure que le législateur n'a pas entendu qu'ils puissent être délégués, car la délégation rendrait inutile par le fait même, l'exécution dans le territoire entier, prescrite par la loi.

Sans doute, dans certains cas, notamment ceux prévus par les articles 86 et 90 de notre Code, certains actes de juridiction sont délégués, mais ils le sont par la loi elle-même et non par le juge. D'ailleurs, dans le cas de mandat de comparution, la délégation serait plus utile pour l'inculpé que pour le juge d'instruction, puisque le prévenu ne devrait pas se représenter devant le juge instructeur pour subir l'interrogatoire ; mais même dans ce cas, l'utilité peut exister, la légalité n'existe pas.

D'ailleurs, si la délégation était permise dans une telle hypothèse, elle nuirait nécessairement au caractère essentiel du mandat de comparution, qui est de pouvoir être changé instantanément en mandat d'amener, de dépôt ou d'arrêt, suivant les besoins de la circonstance. Le mandat de comparution délégué ne pourrait être ainsi transformé par le juge délégué.

Section II. — Mandat de dépôt et d'arrêt.

Les mandats de comparution et d'amener n'ont, comme nous l'avons vu, qu'un seul but : amener l'inculpé à l'interrogatoire. Cet interrogatoire terminé, ces mandats n'ont plus aucune force. C'est à ce moment que se place, pour le juge d'instruction, l'opération la plus difficile et la plus délicate qu'il doive remplir dans ses multiples fonctions. Il doit, en effet, décider sur la seule appréciation des réponses de l'inculpé, s'il doit le maintenir en état de liberté ou le placer en état de détention. S'il le maintient en état de liberté, il n'a aucun acte à faire; en effet, le mandat d'amener tombe de lui-même après vingt-quatre heures. S'il veut, au contraire, déclarer l'inculpé en détention, il doit lancer contre lui un mandat de dépôt ou d'arrêt, c'est-à-dire un ordre donné à un officier de la force publique de conduire l'inculpé à la maison d'arrêt, et au concierge de l'y écrouer. Ce moment est, pour ainsi dire, le plus palpitant de l'instruction toute entière. La décision du juge confirme ou dénie les premières présomptions, elle prononce sur la détention préalable, deux choses essentielles pour l'honneur et la liberté de l'accusé. Sous l'empire du Code, c'est la détention préalable qui était le droit commun; la liberté provisoire n'était que l'exception. Un mouvement inverse s'est fait dans l'esprit du législateur : inauguré par la loi de 1865 qui a fait la liberté provisoire de droit commun en matière correctionnelle et qui l'a même introduite en matière criminelle.

La loi de 1897 a encore ajouté à ces dispositions et a formellement montré que la liberté provisoire devait être prononcée dans le doute, et chaque fois que la détention court le risque de se prolonger injustement. La réglementation que fait cette loi de la durée du mandat d'amener (art. 2, 4, 5, 6), la faculté qu'elle donne aux Cours d'assises, de statuer sur la mise en liberté de l'accusé (art. 11), montrent bien qu'elle considère la liberté provisoire comme l'état normal de l'inculpé, état qu'elle s'empresse de rétablir chaque fois que cela est possible.

La détention ne doit être appliquée que si elle est indispensable à la sûreté publique ou à l'instruction ; le devoir du juge, qui est investi à cet égard d'un pouvoir discrétionnaire, est de peser ces graves intérêts, d'examiner s'ils sont compromis par la liberté de l'inculpé, de peser avec soin les garanties que présente l'honorabilité et la situation de l'accusé, et de ne prononcer la détention que si elle est nécessaire.

Le juge ne doit d'ailleurs délivrer ces mandats qu'après l'interrogatoire ; c'est là une différence capitale entre notre législation et celle de notre ancien droit, où le décret de prise de corps était donné avant toute opération ; le prévenu était d'abord constitué prisonnier, et les interrogatoires étaient commencés au plus tard dans les vingt-quatre heures qui suivaient l'emprisonnement. Notre Code a renversé l'ordre de cette législation. Les mandats de comparution et d'amener doivent toujours précéder les mandats de dépôt et d'arrêt; leur objet, c'est l'interrogatoire de l'inculpé, et ce n'est qu'après cet interrogatoire, que le juge d'instruction peut décerner le mandat d'arrêt.

Cependant, lorsqu'un individu s'est dérobé par la fuite au mandat d'amener, l'interrogatoire est impossible ; dans ce cas, l'interrogatoire est remplacé par une mise en demeure résultant de la signification du mandat ; cette signification tient lieu d'interrogatoire et permet de lancer contre l'inculpé, un mandat d'arrêt ou de dépôt.

Outre l'interrogatoire, un commencement d'instruction doit précéder les mandats de dépôt et d'arrêt. Nous avons vu que même les mandats de comparution et d'amener ne pouvaient être décernés contre un individu, que lorsque des indices graves semblaient le menacer ; pour permettre la conversion de ces premiers mandats en mandats d'arrestation, il faut que ces indices se trouvent confirmés par des présomptions sérieuses ; « car la circonspection des magistrats doit être pour tous les citoyens une sauvegarde et une garantie contre des soupçons trop légèrement conçus ou contre des désignations indiscrètes qui compromettraient mal à propos, la liberté individuelle (1) ».

Remarquons en passant que si l'instructeur n'a pas jugé utile de décerner un mandat de dépôt ou d'arrêt contre l'inculpé, dès le début de l'instruction, il est libre de le faire ultérieurement, si l'information relève de nouvelles charges, sans qu'il soit nécessaire de

____

(1) Cir. ministér. (Justice), 10 février 1819.

procéder à un nouvel interrogatoire : l'article 94, qui veut que le prévenu ait été entendu, n'exige pas que cette condition soit immédiatement suivie par le mandat. Il peut arriver par exemple, que des explications qui d'abord, ont paru satisfaisantes, soient reconnues inexactes à la suite des vérifications, et un nouvel interrogatoire n'aurait aucun objet. Le mandat de dépôt et le mandat d'arrêt ont tous deux le même but ; faire écrouer l'inculpé ; mais il y a entre eux des différences de formes et de résultat. Nous verrons les secondes en étudiant l'application des différents mandats, et nous n'examinerons ici que les premières.

Ces deux mandats d'arrêt et de dépôt ont le même but, ils ont la même puissance, mais s'ils étaient identiques dans leurs causes et leurs effets, il n'y aurait aucune raison de conserver deux moyens semblables, alors qu'un seul suffirait pour remplir cet office. Il y a entre eux des différences importantes. Le mandat de dépôt, comme les mandats de comparution et d'amener, peut être décerné d'office par le juge d'instruction, qui ne peut au contraire lancer de mandat d'arrêt sans avoir reçu à cet effet les conclusions du procureur de la République. Le mandat d'arrêt plus grave que le mandat de dépôt doit contenir l'énoncé du fait pour lequel il est décerné, et la citation de la loi, qui déclare ce fait crime ou délit. Nous savons aussi que le mandat d'arrêt ne peut jamais être prononcé que par le juge d'instruction, et que même au cas de flagrant délit, le Procureur de la République, bien que compétent pour précéder à l'instruction, ne peut décerner de mandat d'arrêt contre l'inculpé, mais seulement un mandat de dépôt.

Une autre différence qui existait entre ces deux mandats a été supprimée en 1865. Avant cette époque, le juge d'instruction pouvait, en tout état de la procédure préparatoire, donner main-levée du mandat de dépôt en vertu de sa propre autorité, mais cette mesure n'avait été créé que pour le mandat de dépôt à raison de son caractère provisionnel, et on ne l'avait pas autorisée pour le mandat d'arrêt, qui entouré de précautions et de garanties plus minutieuses que le premier, semblait revêtir un caractère définitif et irrévocable. Dans la pratique, ce système donnait lieu à des difficultés : ainsi lorsque l'inculpé s'était dérobé par la fuite à son premier interrogatoire, et qu'à la suite de cette faute, un mandat d'arrêt avait été décerné contre lui, que repris et interrogé à nouveau, cet accusé faisait tomber par ses explications les charges qui pesaient sur lui, le juge ne pouvait lui rendre sa liberté. Cette anomalie, comme aussi le désir d'être plus libéral avec l'inculpé, ont fait disparaître cet empêchement. Le législateur a donc entouré de prévoyances et de garanties l'application de ces divers mandats ; il a voulu que l'individu sous le coup d'un mandat d'arrêt fut presque convaincu à l'avance de sa culpabilité, et que le contrôle des conclusions du Procureur de la République lui fût une garantie de la légalité de son arrestation.

La plupart des magistrats, dans la pratique, trouvant ces formalités longues et délicates, ont préféré se

servir du mandat de dépôt qui n'exige aucune précau
tion et en fait, ce mandat essentiellement provisoire,
rendu sans conclusions et dénué de motifs, a presque
complètement pris la place du mandat d'arrêt et lui a
été peu à peu substitué ; et même, lorsqu'il convertit le
mandat d'amener en mandat d'arrestation, c'est toujours le mandat de dépôt que choisit le juge d'instruction. La raison de cet abandon du mandat d'arrêt est
claire, le mandat de dépôt, plus simple, plus facile
dans son origine, produit au point de vue pénal des
résultats identiques au mandat d'arrêt ; le juge n'hésite
pas entre les deux et choisit toujours le mandat de
dépôt. Mais, dans l'esprit de la loi, le mandat de dépôt
n'est qu'une mesure provisoire uniquement destinée
aux crimes et délits, dont on n'est pas certain ; il est
évident que pour les délits dont l'auteur est convaincu
de culpabilité, le juge d'instruction devrait, pour se
conformer à la volonté du législateur, décerner un
mandat d'arrêt et non un mandat de dépôt.

Lors de la discussion du Code d'instruction criminelle au Conseil d'État, M. Merlin, répondant à plusieurs conseillers qui ne voulaient pas maintenir le
mandat de dépôt, dit : « qu'il ne croyait pas que l'on
ait entendu le maintenir ». Ce à quoi M. Treilhard
répondit : « que ce mandat était nécessaire ; que très
souvent, en effet, on ne pourrait de suite mettre le
prévenu en arrestation ou en liberté avec une entière
connaissance de cause. » C'est la seule raison pour
laquelle ce mandat fut maintenu ; si le Code admet
le mandat de dépôt parmi les mandats d'arrestation,

c'est à titre purement exceptionnel ; et, en effet, dans tous les cas où la loi l'autorise directement, c'est toujours dans des circonstances où la rapidité et l'urgence forcent le juge d'instruction à se servir de moyens provisoires plutôt que définitifs. Pourquoi le magistrat ne se conforme-t-il pas à la volonté du législateur ?

Nous avons vu qu'en se servant du mandat de dépôt, il évite la communication des pièces au ministère public, qu'il évite aussi la qualification anticipée des faits incriminés, qualification souvent difficile surtout au début d'une affaire ; il faut ajouter que l'économie des frais de justice entre aussi en considération dans ce choix. Ainsi, avec plus de facilité, le mandat de dépôt produit des effets identiques à ceux du mandat d'arrêt, et c'est pourquoi des magistrats, négligeant les garanties que ce dernier donne à la défense, n'hésitent pas à se servir du mandat de dépôt. Ce ne sont pas ces résultats que le juge devrait considérer ; sa mission ne consiste pas uniquement à fournir un accusé aux juges du fond, elle consiste surtout à entourer l'arrestation de toutes les conditions légales. On ne peut substituer à un jugement préparatoire, à un acte d'instruction de la plus haute importance comme le mandat d'arrêt, une mesure sommaire et provisoire comme le mandat de dépôt, dont les formes semblent appartenir plutôt à la police judiciaire qu'à la justice.

Il est peu croyable, d'ailleurs, que le législateur, après avoir créé un mandat aux formes plus difficiles et plus prudentes, ait songé à le remplacer, sans rien dire, par un autre mandat plus facile et offrant moins de garanties à l'individu arrêté. Ce serait une marche en arrière vers les institutions de notre ancien droit. Les mandats d'arrêt et de dépôt ont tous deux leur utilité propre : le mandat d'arrêt, contrairement à la situation qui lui est faite, devrait être le mandat de droit commun, celui qui offre le plus de garanties à la défense et qui entre, par conséquent, le mieux dans l'esprit et les prévisions du législateur. Le mandat de dépôt a aussi son utilité : la facilité avec laquelle il peut être décrété en fait une arme nécessaire dans les cas où l'instruction doit être précipitée. On ne peut qu'admirer la prévoyance du légistateur, qui a prévu les difficultés et les a réglées à l'avance par ces deux institutions ; mais il faut regretter en même temps cet esprit trop pratique des magistrats qui leur fait négliger le mandat d'arrêt, au détriment de l'accusé et des garanties de la défense.

SECTION III. — FORME DES MANDATS

Ces divers mandats sont soumis à des formes générales et à des formes particulières sur lesquelles nous insisterons peu. Ces actes doivent tout d'abord contenir l'énonciation et la qualité du magistrat qui les délivre ; ils doivent, en effet, porter en eux la preuve qu'ils émanent d'un fonctionnaire compétent ; ils doivent porter indication de la date à laquelle ils ont été décernés et contenir désignation de la personne du prévenu ; il va sans dire, que pour la sûreté de tous, il est important que le prévenu y soit désigné de la façon la plus claire possible : il faut que toute méprise soit impossible. Enfin, les mandats doivent porter le sceau et la signature des magistrats qui les décernent ; la signature est la condition essentielle de l'existence du mandat, et le sceau en garantit l'authenticité.

D'autres conditions de forme plus spéciales sont exigées suivant les différents mandats auxquels ils s'appliquent ; c'est ainsi que le mandat de comparution, n'étant qu'une simple assignation, doit contenir l'indication du lieu, du jour et de l'heure où l'inculpé doit comparaître devant le juge d'instruction. Le mandat d'amener n'est pas seulement une citation, mais un ordre de faire comparaître et d'amener l'inculpé devant le juge d'instruction ; aussi, l'indication de l'heure et du lieu est inutile, puisque le mandat d'amener ne peut, d'après la loi, excéder vingt-quatre heures, après lesquelles le mandat doit être converti en mandat d'arrestation ou simplement anéanti.

Le mandat de dépôt et le mandat d'arrêt sont conçus en termes ordonnant que l'inculpé sera conduit à la maison d'arrêt et enjoignant au gardien de cette maison de le recevoir et maintenir jusqu'à nouvel ordre. Quant au mandat d'arrêt, en plus de ces formes, il doit contenir mention des conclusions du Procureur de la République, l'énonciation du fait pour lequel il est décerné et la citation de la loi qualifiant le fait incriminé de crime ou de délit. Le juge qui décerne un mandat d'arrêt doit donner, dans ce mandat, les conclusions du Ministère Public, ce qui ne l'empêche pas de demander ces conclusions en tout autre temps, lorsqu'il se trouve embarassé par les difficultés d'une affaire, alors même qu'il n'aurait à délivrer aucun mandat d'arrêt. Le juge doit, dans ce mandat d'arrêt, énoncer le fait qui y donne lieu et citer la loi qui l'autorise ; il est rationnel, en effet, quand on convoque une personne pour l'interroger et provoquer ses explications sur un point donné, de l'avertir en même temps de la matière sur laquelle elle se verra interrogée. Là où commence l'inculpation, l'inculpé doit avoir la possibilité de se défendre. « Une législation, dit M. Mangin, qui permet d'arrêter et de retenir un individu, sans que l'acte qui le prive de sa liberté l'instruise du fait qui lui est imputé, est véritablement une législation oppressive. Elle place les citoyens dans l'impossibilité de réclamer contre leur arrestation, elle commet un attentat contre la liberté. »

On comprend que ces formalités ne soient pas appliquées au mandat de dépôt, dont le caractère purement provisoire en fait une mesure de précaution contre des inculpés que l'on craint voir s'échapper ; c'est un acte purement provisionnel qui n'a qu'une mission temporaire et limitée. Le mandat d'arrêt au contraire, est le seul mode normal d'opérer une arrestation, c'est la voie commune et ordinaire de la mise en détention ; il fallait donc l'entourer de plus de garanties que le mandat de dépôt. La désignation des faits incriminés et de la loi qui autorise la détention est donc nécessaire dans le mandat d'arrêt, elle est facultative selon nous dans les mandats d'amener et de dépôt. Certains auteurs ont prétendu qu'elle ne devait jamais avoir lieu dans ces deux derniers mandats, mais selon nous, cette citation obligatoire dans le mandat d'arrêt, le juge d'instruction a toujours la faculté de l'employer dans tout mandat : c'est une règle que doit conduire son équité.

M. Faustin Hélie pousse plus loin les conséquences de ce système : « La jurisprudence des juges, selon lui, a généralement substitué irrégulièrement dans la pratique, le mandat de dépôt au mandat d'arrêt, il en résulte que le mandat de dépôt a changé de caractère, qu'il a cessé d'être un mandat provisoire, une mesure temporaire pour devenir un mandat définitif, qui a pris le caractère comme la mission du mandat d'arrêt. Or, de là ne faut-il pas conclure que dès qu'il est devenu le titre unique d'une détention, il doit contenir les énonciations prescrites par la loi, et qui n'ont été restreintes au mandat d'arrêt, que parce que le mandat d'arrêt devait seul exercer cette fonction ? Ne faut-il pas conclure que ce n'est pas là seulement une faculté pour le juge, mais une obligation formelle, puisqu'il ne lui appartient pas, même dans les vues d'économie ou d'accélération de la procédure, de supprimer les garanties que la loi a voulu assurer aux personnes arrêtées ? »

Telles sont les formes principales auxquelles sont soumis les différents mandats. Quelle sera la sanction de l'inobservation de ces formes variées ? L'article 112 en donne une première en disant que : « l'inobservation des formalités prescrites pour les mandats de comparution, d'amener, de dépôt et d'arrêt sera toujours punie d'une amende de 50 francs au moins contre le greffier et s'il y a lieu, d'injonction au juge d'instruction et au Procureur de la République, même de prise à partie s'il y échet. » C'est un système assez généralisé dans notre Code de procédure criminelle de faire retomber la responsabilité de l'inobservation des formes sur les officiers chargés de faire respecter ces formes, au lieu d'annuler la procédure entachée. Il ne faut pas croire néanmoins que ces pénalités, prononcées contre ces officiers, couvrent les irrégularités ; elles ont pour but de les prévenir et non de les effacer. L'amende prononcée contre le greffier n'est donc pas dans ces cas un obstacle à ce que le prévenu fasse valoir, dans l'intérêt de sa défense, les conséquences attachées aux formalités qui n'ont pas été observées.

Le Code a écarté avec raison les nullités secondaires qui entravaient la marche de la procédure. Il a peut-être réagi avec excès contre la loi antérieure qui les avait multipliées, mais, s'il n'a pas textuellement attaché la peine de nullité aux formalités qu'il a prescrites, il a laissé au juge d'instruction le pouvoir d'apprécier parmi ces formalités, celles qui sont essentielles soit à l'existence même de l'acte, soit à la protection d'un droit qu'il a voulu garantir, et celles qui n'ayant qu'un effet secondaire ne donnent lieu qu'à la punition de la négligence qui les a omises.

Pour qu'un mandat soit délivré valablement, il faut que le juge qui le décerne soit compétent, que le mandat soit revêtu de la signature du juge, que l'inculpé y soit clairement désigné ; et s'il s'agit d'un mandat d'arrêt, il devra relater de plus les conclusions du Ministère public, citer les motifs de l'arrestation et le texte de loi qui l'autorise. Les mandats, qui ne seraient pas formulés d'après ces principes et ne seraient pas revêtus des formes essentielles, seraient attaquables comme toutes les ordonnances du juge d'instruction par voie d'appel ou d'opposition.

Section IV. — Exécution des mandats

Nous arrivons enfin à l'exécution des mandats ; suivant les propres termes de l'article 98 de notre Code, « tous les mandats sont exécutoires dans toute l'étendue du territoire. » Quelque soit en effet, la distance entre le lieu où il est décerné et le lieu où se trouve l'inculpé, le mandat doit recevoir son exécution. C'est là une règle générale susceptible d'exceptions.

Ce sont les Procureurs de la République qui doivent pourvoir, à « l'envoi, la notifiation et l'exécution des ordonnances qui seraient rendues par le juge d'instruction » (article 28). C'est en effet dans le seul cas de flagrant délit que le juge d'instruction fait exécuter lui-même les actes qu'il ordonne. Cette exécution se fait, en transmettant les mandats aux agents de la force publique chargés de les mettre à exécution.

Le mandat de comparution s'exécute uniquement

par la signification du mandat faite au prévenu ; c'est un officier de la force publique ou un huissier qui fait cette signification ; il en laisse copie au prévenu. L'inculpé se présente donc libre devant le juge d'instruction. Il n'est même pas nécessaire que la notification du mandat ait été faite à la personne même du prévenu ; il suffit qu'elle ait été faite à son domicile.

L'exécution du mandat d'amener n'est pas aussi simple et peut amener des difficultés. L'exécution a lieu de même que pour le mandat de comparution par signification, mais ici, l'inculpé est en même temps placé sous la garde de l'officier porteur du mandat ; s'il obéit sans résistance à l'ordre, l'officier doit l'accompagner sans aucun éclat ; au cas contraire, le porteur du mandat est autorisé à user de contrainte et à requérir l'assistance de la force publique. Lorsque l'accusé est amené en vertu du mandat devant le juge d'instruction, celui-ci peut l'interroger de suite, mais s'il ne peut procéder immédiatement à cet interrogatoire, il doit le faire aux termes de l'article 93 de notre Code dans les vingt-quatre heures au plus tard. Cette règle n'était pas toujours suivie dans la pratique ; souvent, l'interrogatoire n'avait pas lieu dans les vingt-quatre heures ; d'ailleurs, le Code en ne fixant aucun point de départ pour la numération de ce délai donnait lieu à des faux fuyants et à des subterfuges. Une discussion s'était même élevée à ce sujet entre plusieurs auteurs.

On sait que les gardiens de prison ne sont autorisés par l'article 609 à recevoir et à garder dans les maisons dont ils ont la direction, que les personnes qui leur sont adressées en vertu d'un mandat de dépôt ou d'arrêt. L'article 92 du même Code confirme cette décision en déclarant que le mandat d'amener ne saurait entraîner pour l'inculpé la peine d'emprisonment. Ce mandat a uniquement pour but de mettre l'inculpé à la disposition du juge d'instruction qui doit l'interroger ; en attendant cet interrogatoire, il doit être gardé, sous la surveillance de l'officier qui l'a amené, dans un local spécial qui doit être une chambre du Palais de Justice. Pour ne pas rendre cette mesure impossible, la jurisprudence s'était prononcée dans le même sens et avait déclaré que l'inculpé, conduit en vertu d'un mandat d'amener devant le juge d'instruction, devait être relaché dans les vingt-quatre heures.

La loi du 8 décembre 1897 a jeté un jour nouveau sur cette matière. L'article 2 de cette loi a complété l'article 93 de notre Code ainsi conçu : « Dans le cas de mandat de comparution, il devra interroger de suite ; dans le cas de mandat d'amener, dans les vingt-quatre heures au plus tard. » Le nouvel article 93 précise et sanctionne l'obligation qu'il impose : « L'inculpé, arrêté en vertu d'un mandat d'amener, sera interrogé dans les vingt-quatre heures au plus tard de son entrée dans la maison de dépôt ou d'arrêt. » En attendant leur interrogatoire, les inculpés seront retenus dans un local spécial de la maison d'arrêt où le gardien chef sera tenu de les recevoir. D'après l'ancienne disposition, l'interrogatoire dans ces circonstances devait avoir lieu dans les vingt-quatre heures de l'arrestation. Lors de la discussion de la loi devant le Sénat, la question du point de départ fut vivement agitée; après diverses propositions de MM, Constans, Bérenger et Morellet, le point de départ des vingt-quatre heures fut fixé au moment de l'arrivée de l'inculpé dans la maison d'arrêt. Cette décision, vivement critiquée par MM. Blanc et Couturier, fut défendue par MM. Bovier-Lapierre et Léveillé. Les premiers soutenaient que le point de départ n'était pas assez délimité par cette expression : l'arrivée de l'inculpé dans la maison d'arrêt. En fait, le juge n'est averti de l'écrou que par le gardien-chef, et MM. Blanc et Couturier eussent voulu que cette formalité parut dans la rédaction de l'article. M. Léveillé démontra sans peine que c'était là une pure question de mots, et que si de fait, l'arrivée de l'inculpé dans la maison d'arrêt et l'avertissement donné par le gardien-chef au juge d'instruction faisaient deux formalités, c'était cependant un seul instant juridique, pouvant parfaitement servir de point de départ à un délai. L'article 2 fut ainsi adopté.

Les gardiens-chefs devront donc recevoir dans les maisons d'arrêt les inculpés sous le coup de mandat d'amener, et cela malgré l'article 609 du Code d'instruction criminelle, article d'ailleurs réformé par le nouvel article 93.

Il faut se garder de croire que l'inculpé devra être sur le champ et dans tous les cas remis à la maison d'arrêt ou de dépôt par les agents qui auront opéré son arrestation ou son transférement; comme par le passé, il devra d'abord être conduit devant le magistrat signataire du mandat qui, autant que possible, procédera tont de suite à son interrogatoire. C'est donc par exception, et en raison de l'absence ou de l'empêchement du magistrat, que l'inculpé sera provisoirement déposé et retenu en vertu d'un mandat d'amener dans le local affecté à cette destination. La première comparution, qui aura été ainsi différée, devra avoir lieu dans les vingt-quatre heures qui suivront ; passé ce délai, le mandat d'amener perd toute sa force et l'inculpé, sous peine d'être illégalement détenu, ne peut être réintégré dans la maison d'arrêt. C'est ce que décide la nouvelle loi dans une suite de dispositions rigoureuses pour ceux qui enfreindraient ses ordres.

Si, pendant ces vingt-quatre heures, le juge, pour une raison quelconque, n'a pas interrogé l'inculpé, à l'expiration de ce délai, le gardien-chef de la prison doit conduire d'office l'inculpé devant le procureur de la République, qui requerra du juge d'instruction l'interrogatoire immédiat de l'inculpé. En cas de refus, d'absence ou d'empêchement dûment constaté, sur les réquisitions du ministère public, le président du Tribunal, ou un juge désigné par lui à cet effet, est alors chargé d'interroger l'inculpé. A défaut de cet interrogatoire, le procureur de la République doit ordonner la mise en liberté immédiate de l'inculpé.

Ces mesures sont énergiquement sanctionnées par la loi. Les gardiens-chefs et les procureurs de la République, qui ne se conformeraient pas aux dispositions de la nouvelle loi, tombent sous le coup de l'article 119 du Code pénal pour les procureurs et membres du Ministère public, et de l'article 120 pour les gardiens chefs. Les procureurs de la République pourraient de ce chef être traduits en cour d'assises. Lors de la discussion devant le Sénat, des membres du Parlement ont protesté contre cette sévérité qu'ils trouvaient exagérée. Ils auraient voulu que ce paragraphe fît mention de l'intention criminelle, nécessaire pour engendrer de pareilles poursuites, mais il va sans dire que cette intention est nécessaire, et cette prescription était inutile.

Si, au moment de l'exécution du mandat d'amener, l'inculpé est absent, ou s'il s'est dérobé par la fuite, ce mandat le suit et le saisit dans tous les lieux où il se trouve, car il est exécutoire dans toute l'étendue du territoire. Mais l'application de cette prescription donne lieu, dans certains cas, à une grosse difficulté. Le prévenu peut être arrêté, en vertu de ce mandat, à une grande distance du lieu où il a été décerné. Dans ce cas, faut-il le conduire, malgré l'éloignement, devant le juge qui a lancé le mandat ?

L'inculpé, sous le coup d'un mandat d'amener, n'est pas encore considéré comme coupable, et lui faire traverser une grande portion de territoire sous la conduite de la force publique, c'est porter atteinte à son prestige et à son honneur. Ce cas était prévu dans notre Code dont l'article 100 décide que : « lorsqu'après plus de deux jours depuis la date du mandat d'amener, le prévenu aura été trouvé hors de l'arrondissement de l'officier qui a délivré ce mandat et à une distance de plus de cinq myriamètres du domicile de cet officier, ce prévenu pourra n'être pas contraint de se rendre au mandat ; mais alors, le procureur de la République de l'arrondissement, où il aura été trouvé et devant lequel il sera conduit, décernera un mandat de dépôt, en vertu duquel il sera retenu dans la maison d'arrêt. » Ainsi, d'après notre Code, trois conditions étaient nécessaires pour que le prévenu ne fut pas obligé d'exécuter le mandat d'amener : il devait être trouvé hors de l'arrondissement du juge qui avait décerné le mandat, à une résidence distante de plus de cinq myriamètres de celle de ce juge et après plus de deux jours de la date du mandat. De plus, une controverse s'était élevée sur la signification des mots : « le prévenu pourra n'être pas contraint de se rendre au mandat. » Les uns s'appuyant sur les termes mêmes de l'article prétendaient que le prévenu n'avait pas le droit d'exiger la non exécution du mandat ; mais qu'il demeurait à la disposition du procureur de la République, qui pouvait lui accorder ou lui refuser cette faculté. D'autres, au contraire, s'appuyant sur les textes de la loi de septembre 1791 et du Code de brumaire an IV, textes disant formellement : « le prévenu ne pourra être contraint », soutenaient que le Code n'avait pas voulu innover et que le prévenu, arrêté dans les conditions prévues, pouvait toujours exiger la non-exécution du mandat.

La loi du 8 décembre 1897 a mis fin à cette controverse en réglant cette matière d'une façon très nette et tout en modifiant profondément les dispositions du Code, dans ses articles 4, 5 et 6.

La distance nécessaire pour modifier l'exécution du mandat d'amener a été portée de cinq à dix myriamètres. Dans ce cas, l'inculpé est conduit devant le procureur de la République du lieu où il a été arrêté. Ce magistrat l'interroge, sur son identité, reçoit ses déclarations après l'avoir averti qu'il est libre de ne pas en faire, l'interroge afin de savoir s'il consent à être transféré ou s'il préfère prolonger les effets du mandat d'amener, en attendant au lieu où il se trouve la décision du juge d'instruction saisi de l'affaire. Si l'inculpé déclare s'opposer au transférement, avis immédiat en est transmis à l'officier qui a signé le mandat. Le procès-verbal de la comparution, contenant le signalement complet, est transmis sans délai à ce magistrat, avec toutes les indications propres à faciliter la reconnaissance de l'inculpé. Il doit être fait mention au procès-verbal de l'avis donné à l'inculpé qu'il est libre de ne pas faire de déclarations (art. 5).

Toutes les obligations qui incombent au procureur de la République sont nettement tracées dans ce texte. Le nouvel article fait disparaître cette controverse de doctrine que nous avons relatée plus haut. et qui avait pour objet de savoir si l'inculpé avait le droit d'exiger la non-exécution du mandat, ou si le transférement pouvait avoir lieu au choix du porteur du mandat. La nouvelle loi décide que l'inculpé est le maître de son sort et, dans cette décision, le législateur s'est inspiré de cette pensée que l'inculpé, dont l'honneur et la liberté sont en jeu, doit être laissé le seul juge de ce que son intérêt peut lui commander. A lui d'apprécier si la preuve de son innocence sera plus vite et mieux faite au lieu même où réside le juge chargé d'instruire, ou si ses seules déclarations et la vérification de son identité par le procureur de la République suffiront à amener le retrait du mandat d'amener décerné contre lui.

En conséquence, le procureur de la République est déchargé de l'obligation que lui imposait l'article 100 de notre Code, d'examiner, suivant les circonstances, si le transférement de l'inculpé doit être exécuté de suite ou retardé, et dans aucun cas, il n'aura désormais à décerner le mandat de dépôt, que le même texte l'autorisait à délivrer, pour retarder l'exécution du mandat d'amener. Son rôle n'en est pas moins capital, il lui appartient d'éclairer le juge d'instruction signataire du mandat; à cet effet, il doit constater soigneusement l'identité de l'inculpé, établir son signalement exact.et complet, et recevoir ses déclarations avec précision et un soin minutieux. Il faut d'ailleurs remarquer que, conformément au principe reconnu par l'article 3 de la nouvelle loi, le procureur de la République ne doit pas faire subir d'interrogatoire à l'inculpé. Il se borne à transcrire ses déclarations, après l'avoir averti qu'il est libre de ne pas en faire. Cet avertissement doit être mentionné au procès-verbal.

Ces formalités remplies, le procès-verbal de comparution et toutes les pièces sont adressés immédiatement au juge d'instruction saisi de l'affaire, « qui décide aussitôt après la réception de cet envoi s'il y a lieu d'ordonner le transférement. » (art. 6). Les termes de cet article paraissent indiquer clairement que le juge d'instruction doit statuer immédiatement sur le transfert de l'inculpé, et qu'il n'a plus la faculté, inscrite dans l'article 103 du Code, de renvoyer les pièces à son collègue du lieu de l'arrestation, en le chargeant de procéder à une enquête complémentaire. Cette solution imposée, semble-t-il, par le texte même est d'accord avec la pensée du législateur qui a voulu, comme le prouve toute l'économie du nouvel article 93, obliger le juge d'instruction à régulariser le plus rapidement possible la situation de l'inculpé qu'il a cru devoir, ne fût-ce que momentanément, priver de sa liberté. Nous n'insisterons pas sur les formes de la notification du mandat d'amener, il doit être signifié à l'inculpé en personne, et copie doit lui en être laissée.

Cette signification, quand on peut trouver l'inculpé, doit être nécessairement faite à sa personne, puisque le mandat emporte exécution immédiate. Si le prévenu ne peut être trouvé, le mandat est exhibé aux maire, adjoint ou commissaire de police de la résidence du prévenu qui met son visa sur l'original. L'article 105, qui exige ces formalités, est trop peu explicite ; en l'absence de textes, il faut décider avec la jurisprudence que, pour la signification des actes relatifs à la procédure criminelle, il faut se reporter à celles prescrites par le Code de procédure civile qui forme le droit commun en ce qu'elles ont de substantiel.

L'exécution du mandat de dépôt se réduit à des formes très simples ; il faut se souvenir, en effet, que

le plus souvent le mandat de dépôt est décerné par le
magistrat contre un prévenu qu'il vient d'interroger et
qu'il a, pour ainsi dire, en mains. L'exécution en est par
suite très simple et doit être conforme aux articles 97
et 107 du Code; le mandat sera donc notifié au prévenu,
l'exhibition lui en sera faite, et copie lui en sera déli-
vrée. Sur l'exhibition du mandat de dépôt, le prévenu
sera reçu et gardé dans la maison d'arrêt, établie près
le tribunal correctionnel et le gardien remettra à
l'huissier ou à l'agent de la force publique, chargé de
l'exécution du mandat, une reconnaissance de la remise
du prévenu.

L'exécution du mandat d'arrêt, à raison de son importance plus considérable et des conséquences plus graves
qu'il contient pour la liberté du défendeur, a attiré
davantage la sollicitude de la loi. L'huissier ou l'agent
de la force publique, qui est chargé de cette exécution,
doit se faire assister d'une force suffisante pour l'accomplir ; aux termes de l'article 108, « l'officier chargé de
l'exécution d'un mandat de dépôt ou d'arrêt, se fera
accompagner d'une force suffisante, pour que le prévenu
ne puisse se soustraire à la loi. Cette force sera prise
dans le lieu le plus à portée de celui où le mandat
d'arrêt ou de dépôt devra s'exécuter, et elle est tenue
de marcher sur la réquisition directement faite au
commandant et contenue dans le mandat ».

L'officier porteur du mandat doit, comme pour les
premiers, en faire la notification au prévenu, lors même
qu'il serait déjà détenu, et il lui en sera délivré copie,
dit l'article 97, et l'article 111 ajoute : « l'officier chargé

de l'exécution du mandat d'arrêt ou de dépôt remettra le prévenu au gardien de la maison d'arrêt qui lui en donnera décharge, le tout dans la forme prescrite par l'article 107. Il portera ensuite au greffe du tribunal correctionnel les pièces relatives à l'arrestation et il en prendra connaissance. Il exhibera ces décharges et reconnaissances au juge d'instruction, celui-ci mettra sur l'une et sur l'autre son vu qu'il signera et datera. » Les gardiens de maisons d'arrêt sont tenus d'avoir un registre sur lequel le porteur du mandat, en remettant le prévenu au gardien, doit faire inscrire le mandat qu'il porte. A défaut de cette formalité la détention doit être considérée comme illégale.

Si le prévenu est trouvé hors de l'arrondissement du lieu où se fait l'instruction, le mandat doit être visé avant son exécution par le juge de paix ou son suppléant du lieu de l'arrestation, à défaut, par le maire, son adjoint ou le commissaire de police. Ces mesures ont été prises, afin d'empêcher qu'un citoyen fut arrêté en vertu d'un mandat émané d'un fonctionnaire, qui n'a pas d'autorité dans le territoire où l'arrestation s'opère, sans que cet officier en reconnut la légalité ; il était aussi nécessaire d'assurer la liberté individuelle et de lui donner une garantie immédiate, soit contre les erreurs des agents, soit contre des actes arbitraires.

Par conséquent, dans le cas où un mandat d'arrêt aura dû être décerné, les mesures suivantes devront être prises, pour prévenir toute chance d'erreur sur l'identité de la personne qui en sera l'objet :

l'inculpé, arrêté hors de l'arrondissement du magistrat qui a décerné le mandat, sera immédiatement conduit devant le procureur de la République de l'arrondissement où il aura été trouvé. Ce magistrat vérifiera personnellement si ce mandat est applicable à l'inculpé, et provoquera ses déclarations, si celui-ci croit devoir en formuler. De ces déclarations et constatations il dressera un procès-verbal qui sera remis aux agents chargés d'assister au transférement, et qui devra figurer ultérieurement parmi les pièces de la procédure.

Si à défaut de justifications fournies par l'inculpé, les allégations par lui formulées permettent de supposer, soit qu'il n'y a pas identité entre l'individu arrêté et la personne désignée au mandat, soit que l'inculpé arrêté est demeuré étranger au fait incriminé, le procureur de la République devra immédiatement en référer télégraphiquement au magistrat de qui émane le mandat, qui appréciera sous sa responsabilité la décision à prendre en ce qui concerne le transférement de l'inculpé. Ces décisions, ordonnées par une circulaire ministérielle du 16 juillet 1896, appliquent à l'exécution du mandat d'arrêt des dispositions analogues à celles que la loi postérieure de 1897 a ordonnées pour l'exécution du mandat d'amener, délivré contre un individu arrêté à plus de dix myriamètres du lieu où le mandat a été décerné.

Le procureur de la République du lieu d'arrestation doit donc veiller à ce que le mandat ne soit pas appliqué à une personne autre que celle qui s'y trouve désignée, car, s'il ne peut s'opposer à l'exécution du mandat, il pourrait s'opposer à un acte qui ne serait plus son exécution. Lorsque l'individu, contre lequel est décerné un mandat d'arrêt, ne peut être saisi, le porteur du mandat est tenu de dresser un procès-verbal de perquisition. Le mandat d'arrêt est notifié à sa dernière habitation, et le procès-verbal de perquisition est dressé en présence « des deux plus proches voisins que le porteur du mandat pourra trouver ; ils le signeront, et s'ils ne savent ou ne peuvent, mention en sera faite ainsi que de l'interpellation qui leur aura été adressée. Le porteur du mandat fera ensuite viser sur son procès-verbal par le juge de paix ou son suppléant ou à son défaut par le maire, l'adjoint ou le commissaire de police du lieu et lui en laissera copie. » Cette formalité de la perquisition n'est applicable qu'au mandat d'arrêt et jamais au mandat de dépôt.

Après l'exécution des mandats de dépôt ou d'arrêt, le prévenu est en état de détention et à la disposition du juge d'instruction.

CHAPITRE TROISIÈME

DE L'INTERDICTION DE COMMUNIQUER

Avant la loi de 1897, le juge pouvait, dans tous les cas et suivant sa volonté, aggraver la détention de l'inculpé en ordonnant sa mise au secret ou interdiction de communiquer. Nous allons, avant de voir les modifications apportées dans cette matière par la loi de 1897, examiner ce qu'était l'interdiction de communiquer antérieurement à cette législation. La mise au secret est la défense faite par le juge, de laisser le détenu communiquer avec quelque personne que ce soit. Cette mesure très rigoureuse est née de la pratique inquisitoriale, où elle constituait un genre de torture. C'est l'ordonnance de 1535 qui l'ordonne la première dans des termes formels.

Cette interdiction pouvait être indéfiniment prolongée suivant le bon vouloir du juge; l'ordonnance de 1670 reproduisit cette prescription avec autant de sévérité. Le législateur de 1795 n'avait pas cru devoir supprimer cette mesure; notre Code, dans ses articles 613 et 618 autorisait, en termes exprès, l'interdiction de communiquer; enfin, la loi du 14 juillet 1865 ajoutait à l'article 613 : « Lorsque le juge croira devoir prescrire à l'égard d'un inculpé une interdiction de communiquer, il ne pourra le faire qu'en vertu d'une ordonnance qui sera transcrite sur le registre de la prison. Cette interdiction ne pourra s'étendre au-delà de dix jours, elle pourra être renouvelée. Il en sera rendu compte au procureur général. » Ce moyen était employé pour empêcher le prévenu de se concerter avec ses complices, et d'altérer ou de faire disparaître les traces de son crime.

Depuis longtemps, on s'était demandé de quel secours une mesure aussi rigoureuse pouvait être pour l'instruction. La plupart des auteurs de droit criminel se sont élevés contre l'application d'une mesure aussi cruelle. La détention préalable ne doit pas aller au-delà de la privation de liberté ; toute entrave apportée aux communications du prévenu avec sa famille est une atteinte aux droits de l'humanité; l'interdiction complète de communiquer, c'est-à-dire la détention solitaire est un véritable supplice qui inflige à la détention préalable, simple précaution, le caractère d'une peine.

Le prévenu a besoin d'être défendu, non seulement à l'audience, mais encore dans le cours de l'instruction; l'isolement met obstacle à ce qu'il confère avec un défenseur, à ce qu'il puisse même chercher et préparer ses moyens de défense. Il peut même en résulter dans quelques cas plus de facilité donnée à ses dénonciateurs pour détruire les preuves qui le justifieraient. L'expérience a d'ailleurs prouvé que l'angoisse résultant de l'isolement complet produisait des effets regrettables sur les prévenus faibles et que souvent pour échapper à ces tourments ils se reconnaissaient coupables de crimes imaginaires.

Malgré ces inconvénients et ces dangers, la mise au secret avait trouvé dans la doctrine des partisans qui proclamaient son utilité. Sans doute, l'interdiction de communiquer peut être nécessaire et utile à la marche de l'instruction dans certains cas, mais il faut se garder autant que possible d'user d'une mesure qui est la plus dure et la plus périlleuse pour l'accusé, dont elle trouble le sang-froid et brise l'énergie. Une nécessité impérieuse peut seule justifier son emploi, elle ne saurait jamais, sous peine de devenir un abus détestable, dégénérer en un moyen d'obtenir des aveux.

C'est en s'inspirant de ces considérations que le législateur de 1897 a réformé la loi de 1865 et lui a substitué de nouvelles dispositions. Tout d'abord, l'interdiction de communiquer ne peut plus exister vis-à-vis de l'avocat du prévenu, qui ne doit jamais au cours de l'instruction être privé de son conseil. Aussitôt sa première comparution, il peut librement conférer avec lui, et en aucun cas, l'interdiction de communiquer, même avec les restrictions de la nouvelle loi, ne peut lui être appliquée. C'est le § 1 de l'article 8 qui énonce cette garantie nouvelle accordée à la défense en termes précis et qui ne peuvent soulever aucune difficulté.

L'adoption de cette mesure a donné lieu à de longues discussions devant le Sénat, mais le libéralisme a fini par triompher, et l'interdiction de communiquer a été complètement écartée pour le défenseur du prévenu. Sur la demande de l'avocat, le juge lui délivre une pièce destinée au gardien chef de la prison attestant qu'il est bien le défenseur du prévenu. Cette attestation n'a pas besoin d'être renouvelée pendant toute la durée de l'instruction.

Mais s'il n'est plus question de mise au secret concernant les rapports du prévenu et de son conseil, le principe de l'interdiction de communiquer a été maintenu pour ce qui concerne toutes les autres personnes, bien qu'il soit singulièrement amoindri. La nouvelle loi distingue à cet effet entre les maisons cellulaires et celles qui ne sont pas soumises à ce régime. Lorsque le prévenu est détenu dans une maison d'arrêt, organisée d'après le régime cellulaire, le juge d'instruction ne peut plus en aucun cas prescrire à son égard l'interdiction de communiquer. Le régime déjà sévère, suivi dans ces maisons, est une garantie suffisante de l'efficacité de la détention, qui ne doit pas être aggravée.

Néanmoins si l'encombrement était cause que deux ou plusieurs détenus devaient être réunis dans la même cellule, le juge pourrait incontestablement ordonner que cette mesure administrative et provisoire ne s'applique pas à l'inculpé.

Pour les maisons non soumises au régime cellulaire, le paragraphe final de l'article 613 est simplement modifié ; le juge d'instruction, en vertu de la nouvelle loi, aura le droit d'ordonner l'interdiction de communiquer pour une période de dix jours ; il pourra la renouveler, mais pour une seule nouvelle période. Ainsi la durée de la mise au secret ne dépassera jamais vingt jours.

Les instructeurs ne sauraient oublier que, même réduite à ces limites, c'est une mesure d'une gravité extrême qui ne doit être prononcée qu'en cas de nécessité absolue. L'article 8, qui ordonne ce maximum dans son deuxième paragraphe, met fin aux récriminations soulevées par l'arbitraire du juge d'instruction, qui pouvait sans limite renouveler l'interdiction de communiquer. Cette mesure, dont les résultats étaient parfois bien cruels, émotionnait l'opinion publique et les juristes étrangers eux-mêmes s'étonnaient de voir conserver, chez un peuple aussi libéral que le nôtre, une mesure aussi barbare et aussi contraire à nos principes (1).

Cependant, même après le délai de vingt jours, les nécessités de l'information peuvent exiger qu'il n'y ait aucune communication entre deux ou plusieurs co-prévenus. Les ordres que donnerait le juge d'instruction pour éviter entre les individus poursuivis, en raison de la même infraction, une entente essentiellement préjudiciable à la manifestation de la vérité, ne sauraient être considérés comme un renouvellement illégal de l'interdiction de communiquer.

L'article 8 de la loi de 1897 ne réglemente pas le droit de visite; la loi nouvelle n'a rien innové concernant ce droit, qui appartient à l'inculpé, de recevoir les personnes

____

(1) Stephen, *op. cit.*

de sa famille et les amis qui viennent le voir. Les juges d'instruction doivent donc se conformer à ce point de vue aux usages établis précédemment, sans s'occuper si la maison, où le prévenu est enfermé, est soumise ou non au régime cellulaire. Il leur appartient, en conséquence, d'empêcher les visites de nature à compromettre les résultats de l'instruction, mais ils ne doivent pas, pour cela, oublier les sentiments d'humanité qui exigent que l'inculpé, présumé innocent jusqu'à sa condamnation définitive, ne soit pas isolé, en quelque sorte, du monde extérieur, complètement séparé des siens et privé des encouragements et des consolations pouvant apporter quelqu'adoucissement à son sort.

La loi du 8 décembre 1897, en réglant d'une façon définitive et très complète cette matière de la mise au secret, a donné satisfaction aux nombreuses récriminations que soulevait ce pouvoir exagéré du juge d'instruction ; elle a fait ainsi œuvre d'humanité et de progrès et a fait disparaître de notre loi un moyen d'instruction qui n'était pas digne de nos principes.

Dans sa circulaire du 10 décembre 1897, le Garde des sceaux, en expliquant aux procureurs généraux la manière dont ils devaient appliquer la loi, disait que : « Même restreinte dans les mesures où la nouvelle loi l'a établie, l'interdiction de communiquer doit être considérée comme un moyen anormal et de rigueur extrême qu'il ne faut appliquer qu'avec une grande prudence et seulement dans les cas de nécessité

absolue. » Cette instruction, qui complète la loi et qui en
détermine plus particulièrement l'application, rélègue
donc la mise au secret au dernier rang des moyens
d'instruction, comme un instrument trop terrible pour
que l'application en soit fréquente.

CHAPITRE QUATRIÈME

DE LA MISE EN LIBERTÉ PROVISOIRE

SECTION I. — NATURE ET ORIGINE

Le prévenu, détenu en vertu d'un mandat de dépôt
ou d'arrêt, doit régulièrement attendre le jugement
qui le condamne ou l'absout, pour reprendre sa liberté
ou subir la peine qui lui serait infligée ; mais souvent,
le délai qui s'écoule entre l'arrestation et le jugement
est trop long, et comme il serait cruel de retenir en
prison et de priver de sa liberté un prévenu qui,
peut-être, n'est pas coupable, le législateur, obéissant
à ce principe qui ordonne de respecter la liberté
individuelle chaque fois qu'elle n'est pas en opposition
directe avec l'intérêt général, a organisé la liberté provisoire, institution qui consiste à rendre la liberté
à l'inculpé, qui présente des garanties suffisantes ou
dont la liberté ne menace pas la Société, moyennant
caution ou promesse de se représenter en Justice. Cette
institution se retrouve dans toutes les législations
criminelles, aussi anciennes qu'elles soient, parce

qu'elle consacre le respect que tout homme doit avoir pour la liberté de son semblable.

Nous avons vu comment s'est organisée à Rome la liberté provisoire, qui fut accordée d'abord moyennant le serment de cofidéijusseurs qui promettaient, en leur nom et sous leur responsabilité, que l'inculpé se représenterait devant les juges. Plus tard, la liberté provisoire fut accordée sur une simple caution de l'inculpé.

Durant les premiers siècles de notre législation ancienne, la liberté provisoire formait le droit commun de notre procédure; mais cette institution subit de notables transformations par suite de l'introduction chez nous de la procédure inquisitoriale. La procédure devenant secrète et le principe des récolements et confrontations à huis-clos, formant la seule base de l'instruction, la présence de l'inculpé dans la prison dût être un élément indispensable de l'instruction. Dans un système qui substituait à l'audience la discussion successive de chaque témoignage par l'accusé, en présence du juge seulement, l'élargissement était impossible et l'inculpé devait toujours se trouver à côté du juge. Aussi, l'Ordonnance de 1539 limitait et restreignait la mise en liberté sous caution « aux matières de petite importance non sujettes à confrontation ». L'ancienne règle, qui faisait de la liberté provisoire le droit commun, se trouva ainsi abrogée et la règle générale devint l'exception.

Malgré les efforts que firent les légistes pour combattre cette tendance, la mise en liberté ne fut appliquée que bien rarement. Les officialités ou tribunaux ecclésiastiques n'appliquaient pas cette règle aux clercs accusés de crimes ; les personnes nobles et d'un rang élevé étaient aussi, suivant certains légistes, mises en liberté sur simple caution juratoire; mais cette règle n'avait rien de précis et, en fait, les juges jouissaient à cet égard d'un pouvoir absolu. Vers la fin du XVI⁰ siècle, une jurisprudence s'était formée, très compliquée et parfois en contradiction avec elle-même. D'après M. Faustin Hélie, on peut la résumer ainsi : « Toutes les fois que le délit était passible d'une peine simplement pécuniaire, quelqu'élevée qu'elle fût, le prévenu devait être mis en liberté sous caution. S'il était passible d'une peine corporelle, le pouvoir du juge était subordonné à la nature de cette peine. Les délits emportant la peine capitale ou toute autre peine causant effusion de sang, comme la perte d'un membre, ne pouvaient profiter de cette mesure, de même que tous les délits entraînant une peine afflictive et infâmante. »

Mais cette règle souffrait de nombreuses exceptions, et tous les auteurs de délits légers étaient admis à ce bénéfice ; la pratique même l'étendait aux auteurs de délits graves contre lesquels il n'y avait que des preuves faibles ou incertaines. Il était même d'usage à cette époque de désigner au prévenu soit sa maison, soit la ville de sa résidence, pour prison. Ces principes furent encore modifiés par l'Ordonnance de 1670, qui étendit le principe de la mise en liberté sans caution. Tous les accusés, contre lesquels il n'y avait pas eu originairement de prise de corps, étaient élargis après

l'interrogatoire que leur faisait subir le juge d'instruction ; l'élargissement était prononcé, à la charge par
l'accusé de se représenter à toutes assignations ; le juge
pouvait exiger sa caution juratoire et le contraindre
même d'élire domicile dans le lieu de sa juridiction ; il
pouvait ordonner qu'il demeurerait sous la garde d'un
sergent et même lui donner « la ville et les grands che-
mins » pour prison.

C'était ce que l'on appelait l'élargissement provisionnel. Dans les grands crimes, pour peu qu'il y eut
des preuves, cet élargissement n'était pas accordé ; mais
dans les cas non absolument graves ou paraissant
excusables, les accusés, bien qu'originairement décrétés
de prise de corps, pouvaient obtenir leur élargissement
provisionnel sur une requête présentée à cet effet et
communiquée à la partie publique et à la partie civile.
Jousse disait : « Il y a plusieurs cas où on oblige
l'accusé qu'on élargit de donner caution, ce qui n'a
lieu ordinairement que lorsque cette caution est
demandée par la partie civile pour sûreté de ses dommages-intérêts. La caution présentée par l'accusé doit
être bonne et solvable, quelquefois on se contente de
la caution juratoire de l'inculpé, quand celui-ci est
une personne riche ou d'un rang distingué, ou lorsqu'il
est dans l'impossibilité de fournir une caution à cause
de sa pauvreté (1) ».

Ainsi, dans cette législation le cautionnement n'était
qu'une garantie subsidiaire des dommages-intérêts

____

(1) Jousse. *Traité de Justice criminelle*, t. II, p. 569 et suiv.

dûs à la partie civile. L'élargissement pouvait avoir lieu sans caution et sur la simple promesse de l'accusé, sur sa caution juratoire, de se représenter à toutes assignations ou d'élire domicile au lieu de l'instruction. Il n'était impossible que dans un cas, celui où l'affaire était réglée à l'extraordinaire.

La législation de 1791 renversa toute cette jurisprudence en décidant que « nul ne peut être retenu s'il donne caution suffisante, dans tous les cas où la loi permet de rester libre sous cautionnement. » La loi du 22 juillet 1791 fixait ce cautionnement entre un minimum de 3.000 livres et un maximum de 20.000, mais une loi de septembre 1791 modifia bientôt cette législation : les accusés de délits correctionnels jouirent dès lors de leur liberté jusqu'au jugement, les prévenus de crimes seuls devaient prêter caution pour obtenir leur liberté provisoire. Cette mesure était sans doute trop libérale quant à ses effets, car le Code du 3 brumaire an IV vint restreindre ses dispositions. L'état de liberté absolue dont jouissaient les inculpés de simples délits cessa, et ils durent, comme les prévenus de crimes, donner caution pour obtenir leur élargissement ; le montant du cautionnement était fixé pour ces inculpés à la somme de 3.000 francs. Une loi du 29 thermidor an IV apporta immédiatement quelques modifications à l'état préexistant.

Telle est la succession des législations, par lesquelles avait passé cette matière importante, au moment de la confection de notre Code d'instruction criminelle. Les discussions des différents projets relatifs à cette institution furent assez pénibles; elles portèrent surtout sur le point de savoir si la liberté provisoire, entendue comme le voulaient la plupart des rapporteurs, ne diminuait pas d'une façon trop considérable l'effet salutaire de la détention. Les défenseurs de la liberté provisoire firent valoir que souvent cette liberté était utile, lorsque l'accusé était chargé de famille et que son travail était pour lui le seul moyen de se suffire; que de plus, elle était nécessaire parce que beaucoup d'inculpés en détention ne sont pas coupables, et qu'il serait souverainement injuste, sous le prétexte de ne pas sacrifier l'exemple salutaire de la prison préventive, de négliger le sort des prévenus innocents. Ces discussions aboutirent à l'adoption du principe suivant : « La mise en liberté sous caution est ouverte à tous les prévenus, lorsque le fait incriminé n'emporte qu'une peine correctionnelle, quelque soit la nature de cette peine ; mais la loi exclut de ces prévenus, les vagabonds, les repris de justice et les prévenus de faits qualifiés crimes. »

Ces dispositions ont d'ailleurs été modifiées par les lois de 1855 et de 1865 ; la loi du 8 décembre 1897 a aussi ajouté à cette matière une disposition relative à la mise en liberté dans un cas spécial, celui où l'accusé devant une cour d'assises est renvoyé à la session suivante.

SECTION II. — LÉGISLATION ACTUELLE

Dans l'étude de la mise en liberté provisoire, il faut admettre comme règle principale, que la détention à laquelle met fin l'élargissement, n'est admissible qu'en vertu de son utilité. Dès l'instant où cette détention n'est plus nécessaire à l'instructeur et à l'intérêt général, elle n'a plus de raison d'être, elle doit disparaître. C'est en se basant sur ce principe que nous avons déjà exposé, que les nouvelles lois ont étendu considérablement le domaine de la liberté provisoire. Les principales modifications apportées sont les suivantes : tous les inculpés de délits ou de crimes peuvent désormais obtenir leur mise en liberté provisoire. L'élargissement peut être constitué sur un simple engagement de se représenter à tous les actes de la procédure. Les accusés de délits, passibles de deux ans au maximum, doivent obtenir de droit leur mise en liberté cinq jours après l'interrogatoire.

Ce qui ressort comme conclusion générale de l'économie de la loi, c'est que la liberté provisoire n'est jamais un droit pour l'inculpé, sauf le cas de petits délits n'entraînant pas un emprisonnement de plus de deux ans. L'inculpé dans les autres cas ne peut exiger sa mise en liberté ; il peut la demander, mais le juge jouit d'un pouvoir discrétionnaire pour la lui accorder ou la lui refuser. Il peut laisser l'inculpé libre après son interrogatoire ou décerner contre lui un mandat de dépôt, il peut donner mainlevée de ce mandat ou le maintenir ; il peut admettre ou rejeter la requête à fin d'élargissement, il peut enfin soumettre cet élargissement à la condition d'une caution ou l'accorder avec la simple promesse de se représenter.

La liberté d'appréciation laissée au juge est la donnée fondamentale du système de la loi. La justice ou l'opportunité de la détention préalable ne sera jamais qu'une question de fait, à décider dans chaque espèce par des considérations particulières ; c'est le domaine du juge. Nous trouvons que cette liberté d'appréciation donnée au juge est trop étendue. Il est vrai de dire que la nécessité ou l'inutilité de la liberté provisoire est subordonnée dans chaque poursuite à une appréciation de fait qui est du domaine du juge, parce que seul le juge peut vérifier la position de l'inculpé, la solidité des liens qui l'attachent à sa famille et à sa profession, la gravité des preuves qui rendent plus ou moins dangereuse pour lui sa comparution en justice. Mais à côté de cette considération, il y en a une autre qui n'appartient pas au pouvoir judiciaire ; c'est l'appréciation du droit social, des cas où il y a nécessité de faire fléchir le droit individuel. Le juge instructeur ne voit que les intérêts et les avantages de la détention et de la poursuite ; il ne voit que sa responsabilité engagée et l'intérêt de la Justice remis entre ses mains. Sa pensée ne se portera pas sur le droit qui se débat dans cette poursuite et sur la légitimité des restrictions qu'il y apporte. Cette application d'une appréciation qui ne trouve aucun trein peut devenir une question de jurisprudence, le résultat d'une pratique plus ou moins éclairée. Qui assurera que dans tel ressort, la détention préalable ne sera pas rigoureusement maintenue et que dans tel autre elle ne sera pas entièrement abolie ?

L'incertitude et l'inégalité sont donc la conséquence de ce pouvoir absolu et facultatif abandonné à la seule conscience de nos magistrats. Nous aurions voulu que la liberté provisoire fut reconnue d'une façon plus générale, que la loi, en imposant quelques garanties accessoires, étendit la liberté de droit à des catégories plus nombreuses de délinquants. L'esprit de la loi nouvelle était bien d'étendre, autant que possible, le principe de la liberté provisoire ; on peut s'en convaincre facilement en lisant ces paroles du rapporteur, lors de la discussion de la loi devant le Corps législatif : « Nous avons cru qu'il était nécessaire de faire pénétrer dans l'esprit, un peu rebelle, à notre sens, de la magistrature, ce principe que la Société devrait être désarmée, là où elle pourrait l'être, sans péril pour la sûreté de tous ; qu'il fallait élargir de plus en plus le droit individuel, et, autant que possible, s'abstenir de la détention préventive. On vous disait, avec raison, que les circulaires de la Chancellerie ont été impuissantes pour réduire notablement le nombre des détentions. Nous avons pensé qu'en inscrivant dans la loi le droit à la liberté, dans certains cas, il y aurait, de la part du législateur, une telle volonté imprimée que la magistrature, qui a conscience de ses devoirs et qui sait les remplir, s'inspirerait enfin du sentiment révélé par la loi nouvelle ;

qu'en dehors des textes de la loi même, l'idée de la liberté provisoire de droit s'emparerait de la pratique des faits et que vous verriez décroître graduellement les chiffres douloureux de la détention préventive (1) ».

Le Garde des sceaux, dans la circulaire du 14 octobre 1865, qui a suivi immédiatement la loi, insistant sur la même idée, ajoute avec raison : « J'ai la plus grande confiance dans les excellents effets que doit produire la législation nouvelle, mais les meilleures lois restent impuissantes, si elles ne sont résolument appliquées conformément à l'esprit dans lequel elles sont conçues, et si on n'a pas, quand cela est juste et nécessaire, la force de rompre avec des habitudes où des traditions, souvent opposées aux réformes qui ont été adoptées ».

L'esprit de la loi est nettement démontré par ces paroles du rapporteur et par la circulaire du Ministre de la Justice ; mais il eût été préférable que la loi eût été plus explicite, pour empêcher le retour aux anciennes pratiques.

Contrairement aux dispositions du Code, la loi de 1865 a étendu la liberté provisoire aux inculpés de délits comme aux inculpés de crimes ; les anciennes exceptions pour les repris de justice, les vagabonds, les récidivistes sont effacées ; la liberté provisoire est ouverte à tous. Mais cette disposition est aussitôt restreinte dans son application. La liberté provisoire, dans le cas de crime et dans celui de délit passible d'un emprisonnement de deux ans au moins, est livrée au pouvoir discrétionnaire du juge. Sans doute, elle est

(1) *Moniteur* du 30 juillet 1865, p. 694.

accessible à tous, mais le juge en ferme ou en ouvre l'accès à volonté, et dans les cas de crime, la liberté provisoire, si elle a été accordée antérieurement à l'arrêt de la Chambre des mises en accusation, ne se prolonge pas au-delà, et cesse de droit à partir de ce moment où le prévenu est, envoyé en accusation devant la Cour d'assises. En dehors de ces délits, qui entraînent au maximum une peine d'emprisonnement de deux ans, la liberté provisoire peut être refusée par le juge, qui décide uniquement en vertu de son arbitraire. La loi a voulu que cette faculté, remise à la conscience, aux lumières et à la prudence du juge, fût librement exercée ; elle ne lui a apporté d'autre frein que l'opposition ou l'appel.

Certains auteurs ont prétendu au contraire que le seul fait par la loi de distinguer entre les délits, entraînant ou non une peine de plus de deux ans de prison, autorisait à dire que les autres infractions, à raison, de leur gravité devaient recevoir une appréciation plus ou moins grande de la part du juge et que l'esprit de la loi voulait que le juge accordât plus facilement la liberté provisoire dans le cas d'un délit puni d'emprisonnement que dans celui d'un délit entraînant une peine plus grave. Mais la loi ne contient rien de semblable et l'arbitraire du juge, assurément regrettable, en pareille matière n'en existe pas moins réellement (1).

Cette disposition de la loi, qui étend la faculté de la

____

(1) Voy. Faustin Hélie, t. IV, n° 1993.

liberté provisoire à tous les inculpés de crimes et de délits, reçoit donc une sérieuse limitation en ce qui concerne ce droit, que possède le juge, de refuser la liberté provisoire dans le cas de délits punis de plus de deux ans d'emprisonnement.

Ce premier point reçoit encore une exception en ce qui concerne la liberté provisoire quand il s'agit de crimes. Dans ce cas l'inculpé, renvoyé devant la Cour d'assises, sera mis en état d'arrestation, en vertu de l'ordonnance de prise de corps contenue dans l'arrêt de la Chambre des mises en accusations, nonobstant la mise en liberté provisoire. Il semble rationnel, en effet, qu'un homme accusé de crime ne soit pas laissé libre jusqu'au jour du jugement. Certes, la liberté provisoire est un bienfait que l'on doit souvent accorder, mais son terme naturel, assigné par la prudence et par la règle, doit être dans l'ordonnance de prise de corps de la Chambre d'accusation. Cet arrêt élève en effet contre l'accusé un préjugé si grave qu'il serait témé-raire de lui laisser le choix d'attendre son jugement ou de s'y dérober.

L'article 126, en faisant cesser la liberté provisoire à l'ordonnance de prise de corps, soumet tous les accusés à la détention depuis cette ordonnance jusqu'à l'au-dience de la Cour d'assises et aussi jusqu'au rejet du pourvoi. Mais, dans certains cas, cette détention peut s'allonger considérablement au détriment du prévenu. Ainsi, lorsque la Cour d'assises renvoie l'examen de l'affaire à une session suivante, le prévenu sera détenu en vertu de l'article 126, durant l'intervalle qui sépare ces deux sessions. Cette situation était surtout pénible pour le prévenu renvoyé à une autre session pour une cause indépendante de sa volonté. Une réforme s'imposait, c'est la loi du 8 décembre 1897 qui la fît dans son article 11. Cet article déclare que : « lorsque la Cour d'assises, saisie d'une affaire criminelle, en prononce le renvoi à une autre session, il lui appartient de statuer sur la mise en liberté de l'accusé. »

Cette innovation déroge en deux points aux principes antérieurement admis ; d'abord, elle contrevient aux dispositions de l'article 126 qui, appuyé par la jurisprudence, défendait de prononcer la mise en liberté de l'accusé postérieurement à l'arrêt de la Chambre des mises en accusation. En second lieu, elle se prononce contre la règle, que seules les juridictions d'instruction sont compétentes pour donner à l'inculpé la liberté provisoire.

Cette heureuse innovation permet au prévenu, dont l'affaire est renvoyée par la Cour d'assises à une session postérieure, d'obtenir sa mise en liberté provisoire pendant la période intermédiaire. Elle fait triompher ce principe que l'accusé non encore jugé doit être réputé innocent et traité comme tel, et cela, malgré les règles de la jurisprudence admise. Cette décision du législateur, comme l'ensemble tout entier de la loi de 1897, est une marche en avant vers la réforme des prescriptions trop sévères de notre Code.

Il est regrettable que cette mesure libérale n'ait point été étendue à d'autres cas, où la situation du prévenu est des plus intéressantes. Ainsi l'accusé qui, traduit devant la Cour d'assises pour un fait prétendu crime, voit au cours des débats le fait incriminé se transformer de crime en délit, ou qui est simplement condamné à une peïue correctionnelle par suite d'admission de circonstances atténuantes, ou parceque les circonstances aggravantes ont été écartées ; cet accusé pourra-t-il obtenir sa misé en liberté provisoire ?

La question est discutée : l'article 11 de la loi de 1897 reconnaît pour l'accusé, renvoyé à une autre session de la Cour d'assises, le droit d'obtenir cette mise en liberté ; l'accusé condamné à une peine correctionnelle pourra-t-il obtenir le même privilège pendant l'instance du pourvoi qu'il peut adresser ? Il paraît difficile de l'admettre. Aux termes de l'article 126, sitôt l'ordonnance de prise de corps, il n'y a plus de liberté provisoire, et dans le cas présent, l'effet de cette ordonnance n'a pas cessé : il se prolonge jusqu'à ce que la condamnation soit devenue définitive. Sans doute, le fait n'a pris qu'au débat le caractère de délit, mais l'équité veut que l'accusé qui n'a commis qu'un délit ne soit pas traité avec la même rigueur que l'accusé coupable d'un crime ; on est d'autant plus tenté de lui accorder ce privilège que la loi de 1897, inaugurant un système plus clément, accorde cette faculté même à l'accusé d'un crime, mais c'est en vain que l'on cherche un texte accordant cette faculté à l'accusé reconnu seulement coupable d'un délit. L'article 126 domine toujours cette matière avec ses termes absolus et ne permet pas de relâcher les effets de l'ordonnance de prise de corps. Il est fâcheux que la loi de 1897 n'ait pas amélioré cette situation, mais en attendant une disposition relative à ce sujet, il faut décider que l'accusé, reconnu coupable d'un simple délit au cours des débats de la Cour d'assises, ne pourrait, pas obtenir sa mise en liberté provisoire pendant le délai de son pourvoi.

Nous avons vu que la première innovation de la loi de 1865 a été d'étendre la faculté de libération provisoire des délits aux crimes ; la seconde innovation qu'elle contient a été d'autoriser le juge à ordonner la mise en liberté provisoire de l'inculpé, sur son seul engagement de se représenter à tous les actes de la procédure. C'est la mise en liberté sans caution, institution connue chez les Romains et dans notre ancien droit, où les juristes tenaient compte avant tout de la qualité et de la dignité des prévenus. Dans certains cas, le peu d'importance du délit, la position de l'inculpé, la nature des faits, sont une garantie suffisante pour la Justice ; il est inutile dans ces cas d'exiger une caution qui serait superflue.

La mise en liberté sans caution, sur simple engagement, existait d'ailleurs dans notre droit, puisque la loi du 7 juin 1848 sur les attroupements disait : « La mise en liberté provisoire pourra toujours être accordée avec ou sans caution. » Mais c'était là une exception, tandis que la loi de 1865 a organisé une véritable réforme en établissant cette exception comme une règle générale : « Dans le cours de l'instruction, le juge pourra, sur les conclusions conformes du procureur impérial, et quelque soit la nature de l'inculpation, donner main levée de tout mandat de dépôt ou d'arrêt à la charge par l'inculpé de se représenter à tous les actes de la procédure et pour l'exécution du jugement aussitôt qu'il en sera requis. » Ce sont les termes de l'article 94 et l'article 113 ajoute : « En toute matière, le juge d'instruction pourra, sur la demande de l'inculpé et sur les conclusions du procureur impérial, ordonner que l'inculpé sera provisoirement mis en liberté à charge par celui-ci de prendre l'engagement de se représenter à tous les actes de la procédure et pour l'exécution du jugement aussitôt qu'il en sera requis. »

Cette mise en liberté pure et simple est conforme en tous points à l'ordre naturel des choses. La caution, en effet, si elle donne à la Justice une garantie suffisante, ne correspond aucunement au principe d'égalité de tous devant la Justice. Ce sont, en effet, les riches qui en profitent, les pauvres ne peuvent que bien rarement la fournir. Elle n'est donc pas juste en elle-même, et la liberté provisoire pure et simple, qui ne fait que reproduire l'ancienne caution juratoire, est plus juste et mieux adoptée à nos principes. D'autre part, si la détention préalable, à raison de la position de l'inculpé, de sa moralité reconnue ou du caractère des faits incriminés, n'est indispensable ni à la sûreté publique, ni à l'instruction, le cautionnement, qui n'est que l'équivalent de la détention, est inutile. La garantie d'une caution n'est pas nécessaire, si la garantie de la détention ne l'est pas ; or, dans les cas où l'inculpé est retenu par ses relations de famille, par les habitudes du foyer, par les nécessités du travail, où il ne peut songer à une fuite qui serait l'exil, la misère, le malheur, l'inculpé peut demeurer libre sans aucun danger pour l'ordre public ni pour la Justice. Dans ces cas, la détention est inutile, et nous ne voyons pas non plus la nécessité de la caution.

La loi de 1865, tout en permettant au juge et posant comme principe que la liberté provisoire peut être accordée sans caution, exige plusieurs conditions pour l'obtention de ce bienfait. L'inculpé, qui veut obtenir sa mise en liberté sans caution, doit la demander. Dans le cas ordinaire prévu par l'article 94, le juge agit d'office et donne main levée du mandat ; au contraire, lorsque l'accusé demande sa mise en liberté sans caution, le juge ne rend sa décision que sur la requête présentée à cet effet. Une seconde différence, existant entre le cas visé par l'article 94 et celui qui nous occupe, c'est que dans le cas de l'article 94, la main-levée du mandat n'est donnée que sur les conclusions conformes du procureur de la République ; le juge est lié par cet avis du ministère public ; dans l'article 113, il ne l'est pas. La différence entre ces deux décisions, c'est que, dans le cas de l'article 94, le juge agit de lui-même, sans être provoqué par aucune demande ; il ne fait qu'un acte d'instruction, et la loi subordonne cet acte à l'adhésion du ministère public. Au contraire, dans l'article 113, le juge fait acte de juridiction, et son ordonnance peut être frappée d'opposition devant la Chambre des mises en accusation. Il n'est donc pas arrêté par les conclusions du ministère public ; il se borne à les consulter et décide ensuite sur la requête dans l'indépendance de sa juridiction.

La troisième condition exigée par la loi pour l'obtention de la liberté provisoire sans caution, c'est que l'accusé s'engage à se représenter à tous les actes de la procédure et pour l'exécution du jugement. C'est cette dernière condition qui donne à cette institution le caractère de la caution juratoire de notre ancien droit.

La loi de 1865, dans une troisième et importante disposition, a apporté une limite au pouvoir discrétionnaire du juge concernant la mise en liberté provisoire. En vertu de cette loi, le juge peut étendre la mise en liberté, même aux accusés de crimes, mais ce pouvoir est toujours facultatif pour lui; de plus, dans le second paragraphe de l'article 113, la même loi apporte une restriction à ce pouvoir trop étendu : « En matière correctionnelle, la mise en liberté sera de droit cinq jours après l'interrogatoire en faveur du prévenu domicilié, quand le maximum de la peine prononcée par la loi sera inférieur à deux ans d'emprisonnement. » Cette innovation était parfaitement raisonnée ; l'inculpé, tant qu'il n'est pas condamné, ne doit pas être considéré comme coupable; la prison préventive elle-même n'est pas une peine et ne doit pas être tenue pour telle ; c'est une simple mesure de précaution, garantissant la présence du prévenu aux débats et à l'exécution du jugement et protégeant la Société contre la liberté de cet individu, liberté qui peut être nuisible à l'ordre public. Or, si cette liberté ne peut être en rien préjudiciable à l'intérêt public, et si l'inculpé présente par lui-même, et spécialement par le fait de son domicile des garanties de représentation devant la Justice; s'il n'est pas vagabond, on doit présumer qu'il se rendra de lui-même à l'appel de ses juges.

D'autre part, la précaution de la détention préalable n'est nécessaire qu'à l'égard des inculpés qui, à raison de la gravité du délit, peuvent être présumés se dérober à l'instruction ou à l'application de la peine. Cette présomption n'existe pas en ce qui concerne les inculpés menacés d'une peine dont le maximum est de deux ans d'emprisonnement. Il importe aussi de ne pas jeter inutilement en prison des personnes dont la criminalité est encore incertaine et auxquelles la Justice n'impute des actes que d'une importance secondaire. Les détentions, si courtes qu'elles soient, sont toujours funestes aux personnes qu'elles frappent en leur infligeant une flétrissure encore imméritée ; il ne faut pas entacher leur vie de cette note d'infamie avant que la Justice ait déclaré qu'elle était justement appliquée.

La mise en liberté provisoire est donc de droit pour les inculpés accusés d'un délit peu grave, mais cette liberté ne peut être acquise qu'à certaines conditions. La première, c'est que ce droit ne peut être exercé que cinq jours après l'interrogatoire, c'est à-dire six jours après l'arrestation. Il faut remarquer que ce délai de cinq jours est un maximum donné au juge pour lui permettre de prendre tous les renseignements nécessaires à la mise en liberté du prévenu. Si les renseignements sont inutiles, ou s'il les a recueillis avant l'expiration de ce délai, il ne doit pas attendre cette échéance, et doit rendre immédiatement la liberté au prévenu.

Une autre condition, exigée par la loi de 1865 pour la mise en liberté de droit après un délai de cinq jours, c'est que cet inculpé soit domicilié. C'est une des garanties par laquelle la loi remplace l'appréciation du juge. Ce domicile exigé n'est pas le domicile civil, établissant l'intention arrêtée d'y maintenir son établissement, c'est la résidence habituelle, celle qui attache l'intéressé par des liens de famille, de travail. La loi se défie des individus privés de ces liens et c'est uniquement pour exclure les vagabonds et ceux qu'aucun lien ne rattache à leur résidence qu'elle exige cette condition, garantie de retour devant la Justice pour exécuter son jugement.

Enfin, les récidivistes de crimes ou de délits, entraînant une peine de plus d'un an d'emprisonnement, sont exclus de ce bénéfice. On comprend facilement que la Justice se méfie de ces individus dont les antécédents, entâchés de fautes aussi graves, sont une mauvaise prévision pour leur future conduite. Les garder en prison préventive est donc une mesure de sûreté par laquelle la Justice protège la Société contre la présence de ces membres dangereux.

Nous n'avons plus à parler que de la mise en liberté provisoire avec caution. Cette mise en liberté n'intervient que lorsque l'arrestation a été jugée nécessaire, que le mandat a été exécuté et que contrairement aux cas précédents, le juge peut ne pas l'accorder, et qu'il n'a pas pensé après l'interrogatoire pouvoir remettre le prévenu en liberté sans que des garanties spéciales assurent sa représentation devant la Justice. L'inculpé ne retrouve sa liberté que conditionnellement ; il reste attaché à la Justice par le lien de son cautionnement. La loi garantit ainsi l'exécution du jugement tout en laissant l'inculpé en liberté ; elle remplace par ce moyen, la garantie de l'emprisonnement préalable. L'intérêt de la Justice n'est pas sacrifié, et elle remplace un moyen de sûreté très rigoureux par un moyen aussi efficace. Ce dernier point est assez contestable, et doit varier avec les individus auxquels on l'applique. Il en est évidemment qui n'hésiteront pas à sacrifier une somme d'argent pour se dérober à l'action de la Justice ; il en est, au contraire, qui ne pourront jamais se résoudre à ce sacrifice et pour qui le cautionnement exigé est un lien aussi dur que la détention. Tout dépend du cautionnement et surtout de la fortune de ceux dont on l'exige. Mais comme dans l'esprit du législateur, le cautionnement est une garantie équivalente de la détention, le juge ne devra l'exiger que dans le cas où cette détention préventive serait nécessaire.

La mise en liberté sous caution est soumise à plusieurs conditions. D'abord, c'est la résidence qui est exigée pour toute mise en liberté provisoire : la mise en liberté suppose, chez le prévenu, l'intention de se représenter à l'action de la Justice. Une autre condition exigée ici, c'est le dépôt d'une somme d'argent qui doit être le lien rattachant l'inculpé à l'action de la Justice. Exiger de tous les inculpés une somme égale eut été le suprême degré de l'inégalité : c'eut été un privilège pour quelques-uns. Pour être juste, le cautionnement doit être proportionné aux moyens pécunaires du prévenu et être en rapport avec la gravité du fait imputé.

La loi de 1865 a créé trois innovations en matière de cautionnement. Elle a supprimé le minimum de cautionnement ; elle a permis de remplacer ce cautionnement par l'engagement personnel d'un tiers ou caution personnelle ; enfin, elle affecte le cautionnement à la garantie de l'action, à l'amende et aux frais. La principale de ses innovations, c'est la suppression du minimum de cautionnement ; le Code d'instruction criminelle l'avait délimité entre un maximum et un minimum, et confondait pour ainsi dire le cautionnement et la peine : l'ancien article 119 avait fixé le maximum au double de l'amende ou au triple du dommage, et le minimum à 500 francs. Cette fixation arbitraire avait un double inconvénient. Le minimum trop élevé était inabordable pour la population pauvre, tandis que le maximum était dérisoire pour retenir à la disposition de la Justice les membres de la classe riche ; elle ne tenait aucun compte de la fortune de l'inculpé et se basait uniquement sur la gravité du délit.

Ce défaut fut corrigé par le décret du 23 mars 1848, qui supprima le minimum et permit au juge de l'abaisser à la portée de tous. La loi de 1865 a maintenu cette suppression, et de plus, elle a fait disparaître tout maximum fixé à l'avance, obéissant en cela à ce principe que le cautionnement doit s'abaisser et s'élever avec la position de l'inculpé, la nature de l'infraction et la gravité de la peine.

Depuis cette loi, la fixation du maximum et du minimum de cautionnement doit être comme la mise en liberté provisoire laissée à l'arbitrage et à l'appréciation du juge.

La loi de 1865 a aussi étendu le mode d'exécution du cautionnement. Nous avons vu qu'il consistait ordinairement dans le versement d'une somme d'argent ; la loi de 1865 autorise, au lieu et place de ce versement, l'engagement personnel ou caution. Au juge d'apprécier les garanties que peut présenter cette personne, et de l'admettre ou de la rejeter comme ne satisfaisant pas aux conditions de la loi.

Enfin, la loi de 1865 a réglé l'affectation du cautionnement. La somme déposée en garantie a pour objet d'assurer la représentation de l'inculpé aux actes de la procédure et pour l'exécution du jugement. Lorsque le prévenu a satisfait à ces obligations, le cautionnement ou la caution se trouvent complètement dégagés. C'est seulement au cas ou l'inculpé ne se présente pas aux actes de la procédure que le cautionnement ou la caution se trouvent engagés. L'ordonnance de mise en liberté désigne d'ailleurs les sommes qui seront affectées d'une part à la garantie de représentation, et d'autre part au paiement des frais faits par la partie publique, de ceux avancés par la partie civile et des amendes.

Une question très intéressante est celle de savoir

quelle sera la juridiction compétente pour statuer sur la liberté provisoire.

La jurisprudence antérieure à la loi de 1865 et cette même loi adoptant la règle de la jurisprudence, ont décidé que la mise en liberté provisoire serait prononcée en tout état par le tribunal saisi de la cause, et pendant tout le temps qu'il en est saisi. Ainsi, le juge d'instruction la prononcera pendant toute l'instruction, la Chambre des mises en accusation depuis l'ordonnance de renvoi du juge d'instruction jusqu'au jugement. Certains auteurs ont trouvé cette multiplicité de juridictions dommageable aux intérêts des prévenus et ont demandé une compétence unique pour la mise en liberté; nous ne sommes pas de leur avis, et nous trouvons que la juridiction compétente pour l'absolution ou la condamnation est plus à même de décider sur la mise en liberté provisoire, qu'une juridiction unique dont l'intervention nécessiterait une mise en état et par conséquent un retard considérable.

La loi de 1897, marchant dans le même sens que celle de 1865, a donné à la Cour d'assises le pouvoir de prononcer la mise en liberté de l'accusé renvoyé à une session postérieure. Le législateur a montré par là, que l'immixtion d'une juridiction spéciale pour prononcer sur cette mise en liberté lui semblait inutile et dangereuse pour l'accusé.

Nous n'insisterons pas sur les formes de la demande de mise en liberté, elle se fait par une requête qui n'est soumise à aucune forme particulière. Cette requête, communiquée au ministère public et à la partie civile, donne lieu à une ordonnance du juge d'instruction, ordonnance susceptible de recours de la part de l'inculpé, de la partie civile et du ministère public.

Si l'inculpé est admis au bénéfice de la liberté provisoire, il doit verser le cautionnement s'il est exigé ; sinon, il lui suffit de signer au greffe un acte par lequel il s'engage à se représenter à tous les actes de la procédure et pour l'exécution du jugement.

La liberté provisoire accordée peut être retirée à l'inculpé dans plusieurs cas : lorsqu'il fait défaut à un acte de l'instruction et manque à sa parole ; lorsque des faits nouveaux se présentent qui rendent nécessaire sa détention ; dans ce cas le juge d'instruction décerne un nouveau mandat. Elle lui est encore retirée lorsque l'inculpé est renvoyé en état d'accusation devant la Cour d'assises, l'article 126 exige en effet que tout accusé de faits qualifiés crimes soit mis en état d'arrestation, nonobstant la mise en liberté provisoire. Cette décision, qui nous semble sévère, est d'autant plus regrettable que la loi de 1897, plus libérale dans ses principes, permet aux Cours de mettre en liberté provisoire les accusés dont l'affaire est renvoyée à une session ultérieure. Cette faculté devrait être accordée en tout état de cause, elle ferait triompher définitivement ce principe : qu'avant toute condamnation, la liberté doit être considérée comme l'état normal de l'inculpé.

Ici se termine l'instruction ; aussitôt que son information est complète, le juge d'instruction ayant terminé son œuvre, ayant réuni dans son dossier toutes les charges qui accusent l'inculpé, tous les arguments qui combattent en sa faveur, voit sa mission terminée. Il ne lui reste plus qu'à renvoyer le prévenu, ou à transmettre aux juges du fond le dossier qui est le résultat de son travail, et la personne de l'inculpé. C'est ce qu'il fait au moyen d'une ordonnance de non lieu qui donne la liberté à l'inculpé s'il lui paraît innocent, ou de mise en prévention si les charges paraissent suffisantes pour faire juger le prévenu.

CONCLUSION

Nous avons essayé dans ce travail de donner un
aperçu aussi exact que possible du but et du rôle des
principaux actes de l'instruction préparatoire, nous
nous sommes efforcés de faire ressortir les principes
qui doivent conduire le législateur dans la confection
des lois relatives à cette matière, et le juge dans leur
application.

Nous avons constaté, en faisant cette étude, un mouvement continu et de plus en plus accentué vers des
idées plus larges et plus libérales dont le premier fruit
a été chez nous la loi de 1897. Avant cette date, une
partie spéciale eût été nécessaire pour l'étude et la
comparaison des législations étrangères avec la nôtre,
mais cette loi, en apportant à nos institutions les principes et les innovations que nous avons constatés, a fait notre Code l'égal des lois étrangères ; une
étude de législation comparée nous semble donc
superflue.

Le mouvement commencé par la loi de 1897, mouvement attendu depuis si longtemps, n'est qu'un premier pas dans la voie des réformes que doit subir notre
Code d'instruction criminelle. Il est dans l'instruction

des actes difficiles où l'intérêt de la défense n'est pas suffisamment organisée, où les pouvoirs de l'instructeur ne sont pas suffisamment limités, où l'inculpé n'est aucunement représenté. L'œuvre entreprise par le législateur de 1897 ne sera terminée que lorsque la défense de l'inculpé sera fortement organisée à l'instruction, de manière à éviter toute erreur judiciaire, et à léser le moins possible les droits et les intérêts particuliers.

Le principe qui doit dominer l'instruction préparatoire et que le juge doit avoir continuellement à l'esprit, c'est que la condamnation des innocents est un plus grand mal que l'absolution des coupables.

Vu : le Doyen,   Vu : le Président de Thèse,

GLASSON.   J. LÉVEILLÉ.

Vu et permis d'imprimer :

Le Vice-Recteur de l'Académie de Paris :

GRÉARD

INDEX BIBLIOGRAPHIQUE

DROIT FRANÇAIS

OUVRAGES

Ayrault. — Instruction judiciaire.

Beaumanoir. — Coutumes de Beauvoisis.

Boitard. — Leçons de Droit criminel (Corbeil, 1867).

Boys (A. du). — Histoire du Droit criminel des peuples modernes. T. 1 et 2.

Carnot. — De l'Instruction criminelle.

Esmein. — Histoire de la procédure criminelle.

Faustin Hélie. — Traité de l'Instruction criminelle. T. 1 et 4. 1867.

Glasson. — Droit et institutions de France.

Garraud. — Précis de Droit criminel (Paris, 1885).

Laborde. — Cours élémentaire de Droit criminel (Paris, 1891).

Labroquère. — La Justice criminelle et les sciences médicales (Paris, 1879).

Léveillé. — De la réforme du Code d'instruction criminelle (1882).

Loiseleur. — Des lacunes et des besoins de la législation française en matière politique et en matière criminelle (Paris, 1824).

Mangin. — Traité de l'action publique et de l'action civile (Revu par Sorel. Paris, 1875).

Michelet. — Origines du Droit.

Mittermaïer. — Traité de la preuve.

Montesquieu. — L'esprit des Lois.

Morin. — De la discipline.

Pothier. — Traité de la Procédure criminelle.

Schenck. — Traité sur le Ministère public.

Serpillon. — Code criminel ou commentaire de l'Ordonnance de 1670 (Lyon, 1767).

Tanon. — Histoire des Tribunaux de l'Inquisition en France (Paris, 1893).

Thonissen. — L'organisation judiciaire de la loi salique.

Trébutien. — Cours élémentaire de Droit criminel.

Warrée (B). — Curiosités judiciaires (Paris, 1877).

Vouglans (Muyart de). — *Institutes* au droit criminel. (Paris, 1757).

PÉRIODIQUES

Dalloz. — Jurisprudence générale ; Recueil périodique, 1897, 4e partie, p. 113 et suiv.

— Répertoire et supplément, art. Procédure criminelle.

Duvergier. — Collection des lois et décrets, 1897 (p. 499 et suiv.)

Droit (le). — Étude de M. F. Dreyfus, 23 et 24 février 1883.

Gazette des Tribunaux. — Discours de M. Jacomy (18 octobre 1897). — Discours de M. Ribet (29 et 30 octobre 1897). — Discours de M. Guyon (1er, 2 et 3 novembre 1897).

Gazette du Palais. — Rapport de M. Falcimaigne (30, 31 décembre 1896, 1er, 2, 3 janvier 1897).

Loi (la). — Circulaire de M. Atthalin (12 juillet 1897).

Officiel (Journal).

Lois nouvelles. — 1897.

Pandectes Françaises.

Quinzaine (La). — Article de M. le Poitevin (juin 1896).

Revue pénitentiaire. — M. Morand (mars 1899).

———

DROIT ÉTRANGER

———

OUVRAGES

Bertrand et **Lyon-Caen.** — Code d'Instruction criminelle
autrichien (Paris, 1875).

Daguin (F). — Code de procédure pénale allemand (Paris,
1884).

Franqueville (de). — Système judiciaire de la Grande-
Bretagne (Paris, 1893).

Romagnesi. — *Genesi del diritto penale.*

Stephen. — *Hystory of the criminal law.*

TABLE DES MATIÈRES

TROISIÈME PARTIE

Lille. — Imp. H. Morel, 77, rue Nationale. — 10.99